SPANZZA

ACE SPANISH VOCABULARY

A FUN-FILLED WORKBOOK FOR MIDDLE AND HIGH SCHOOL STUDENTS TO MASTER BASIC SPANISH WORDS AND SUPERCHARGE THEIR WORD BANK

Carmela G.G.   Raquel T.L.

Ace Spanish Vocabulary: A Fun-Filled Workbook for Middle and High School Students to Master Basic Spanish Words and Supercharge their Word Bank by SPANZ2A

www.spanz2a.com

Copyright © 2023 SPANZ2A

No part of this book may be reproduced, or stored in a retrieval system, or transmitted in any form or by any means, electronic, mechanical, photocopying, recording, or otherwise, without express written permission of the publisher.

ISBN-13: 978-1-7388971-1-7

TABLE OF **CONTENTS**

01	Numbers	**34**	Body
05	Days of the week	**39**	Family
09	Months of the year	**44**	Professions
14	Colors	**50**	Emotions
18	Greetings and farewells	**55**	Places
23	Questions	**60**	Living room
29	Personal information	**65**	Bedroom

70	Bathroom	**105**	Drinks
75	Kitchen	**111**	Transportation
80	Classroom	**116**	Verbs
85	Nature	**120**	Adjectives
90	Animals		
95	Weather		
100	Food		

1 LOS NÚMEROS

NUMBERS

1	uno - *one*
2	dos - *two*
3	tres - *three*
4	cuatro - *four*
5	cinco - *five*
6	seis - *six*
7	siete - *seven*
8	ocho - *eight*
9	nueve - *nine*
10	diez - *ten*
11	once - *eleven*
12	doce - *twelve*
13	trece - *thirteen*
14	catorce - *fourteen*
15	quince - *fifteen*
16	dieciséis - *sixteen*
17	diecisiete - *seventeen*
18	dieciocho - *eighteen*
19	diecinueve - *nineteen*
20	veinte - *twenty*

DID YOU KNOW...

- diez y seis (10 + 6) -> dieciséis (16)
- diez y siete (10 + 7) -> diecisiete (17)
- diez y ocho (10 + 8) -> dieciocho (18)

1.1

uno	*one*
dos	*two*
tres	*three*
cuatro	*four*
cinco	*five*
seis	*six*
siete	*seven*
ocho	*eight*
nueve	*nine*
diez	*ten*

```
C Q V G G X F S G V K X L D G
X J L I K Y I I E X Z B D K F
O T X P S E V E N N D K G R Y
J B Y I E I E T W O U B H H E
Z F D V I G X E R J C H L C H
F F E F S H D T O E R H V B I
M U X O V T A K N H S T O Z G
N N D U N U L O C G M Q K V R
U O Y R C I N C O L Z K K Q E
L W E B N K N S G W A H E M W
X F G X Y D I E Z F F P R V K
L U S K B X E C H Q Z L O Y S
B K A P P R D R F X B F T N M
K Y V E H J Q B Q Z V V C F W
V X L T E N Q I F X V F A B R
```

1.2

once	*eleven*
doce	*twelve*
trece	*thirteen*
catorce	*fourteen*
quince	*fifteen*
dieciséis	*sixteen*
diecisiete	*seventeen*
dieciocho	*eighteen*
diecinueve	*nineteen*
veinte	*twenty*

```
X N Q H F X N I N E T E E N P
S Q E D N L I Z E D Q L S D B
Z D U Q U I N C E W O I G W W
P I D J U Y R V D H É C S Q T
N E C L V O L N C S A T E X I
O C D T T E X O I I N L V E D
V I C A W F I C D X S N E X I
B N C T H C E N U T K N N Y E
P U T H E I G H T E E N T G C
Y E S I D B O N C E L N E M I
U V D R Y G N C T N E L E J S
E E Q T F T N R Y W V J N E I
Z N S E S Z U Y T R E C E G E
P B E E T O Q D C N Q K R T
L T N N F I F T E E N Y H Z E
```

1.3

Across

2. five
5. ten
6. four
7. seven
9. six

Down

1. one
3. nine
4. eight
5. two
8. three

1.4

Across

2. seventeen
5. eighteen
7. thirteen
8. fourteen
9. twenty

Down

1. nineteen
3. twelve
4. fifteen
5. sixteen
6. eleven

1.5

ENGLISH	SPANISH
one	
two	
three	
four	
five	
six	
seven	
eight	
nine	
ten	
eleven	
twelve	
thirteen	
fourteen	
fifteen	
sixteen	
seventeen	
eighteen	
nineteen	
twenty	

2

LOS DÍAS DE LA SEMANA

DAYS OF THE WEEK

1. el lunes - *Monday*
2. el martes - *Tuesday*
3. el miércoles - *Wednesday*
4. el jueves - *Thursday*
5. el viernes - *Friday*
6. el sábado - *Saturday*
7. el domingo - *Sunday*
8. la semana - *week*
9. el fin de semana - *weekend*
10. el día - *day*
11. la mañana - *morning*
12. la tarde - *afternoon/evening*
13. la noche - *night*
14. hoy - *today*
15. ayer - *yesterday*
16. mañana - *tomorrow*
17. próximo - *next*
18. pasado - *last*
19. el finde - *weekend*
20. la fecha - *date*

CULTURAL GEMS

In many Spanish-speaking countries, the week starts on Monday!

2.1

el lunes	Monday
el martes	Tuesday
el miércoles	Wednesday
el jueves	Thursday
el viernes	Friday
el sábado	Saturday
el domingo	Sunday
la semana	week
el fin de semana	weekend
el día	day

```
Ó E E E L M A R T E S T W K T
E L M I É R C O L E S H V F U
E D R E R P L J Y E A U W W E
K O Q L V T S I A L T R R H S
N M J L P B C J S F U S G R D
B I X U E L D Í A I R D P F A
X N I N L G Z V K N D A W D Y
M G E E J W F R I D A Y E A U
S O N S U N D A Y E Y P D Y D
Z M W E E K E N D S A N N T R
M O X E V M Q D O E O H E W E
E L V I E R N E S M R W S Z H
E T M M S K T N P A F D D Q O
W N N L A S E M A N A F A T U
R H F C E L S Á B A D O Y Q Z
```

2.2

la mañana	morning
la tarde	afternoon/evening
la noche	night
hoy	today
ayer	yesterday
mañana	tomorrow
próximo	next
pasado	last
el finde	weekend
la fecha	date

```
Á H A X F U Y L Q I B Y Z J H
Z R F R U R R E D H T X G L A N
T M T O D A Y L A F E C H A Z P
Y P E Z G K N F A W M W O N W Y
J A R G F Z H I L T E J Y O F E
Z S N Ó R A B N T W A E R C E S
O A O J X N Y D D A M R K H D T
I D O O Y I X E W W O B D E I E
A O N Z C G M W R M R L A E N R
F U E L L H L O O D N A T I O D
A A V W M T S T S D I L E K P A
D K E J L A M A Ñ A N A D I L Y
I J N D G A Ñ C I G G X V P O B
S D I X A Z S A V U N Y B E D Y
X Q N E X T J T N Z L B B M A D
C A G T G F U D A A D E C S G S
```

2.3

Across

1. Wednesday
2. Sunday
3. weekend
5. Monday
7. Saturday

Down

1. Tuesday
2. Friday
4. Thursday
5. day
6. week

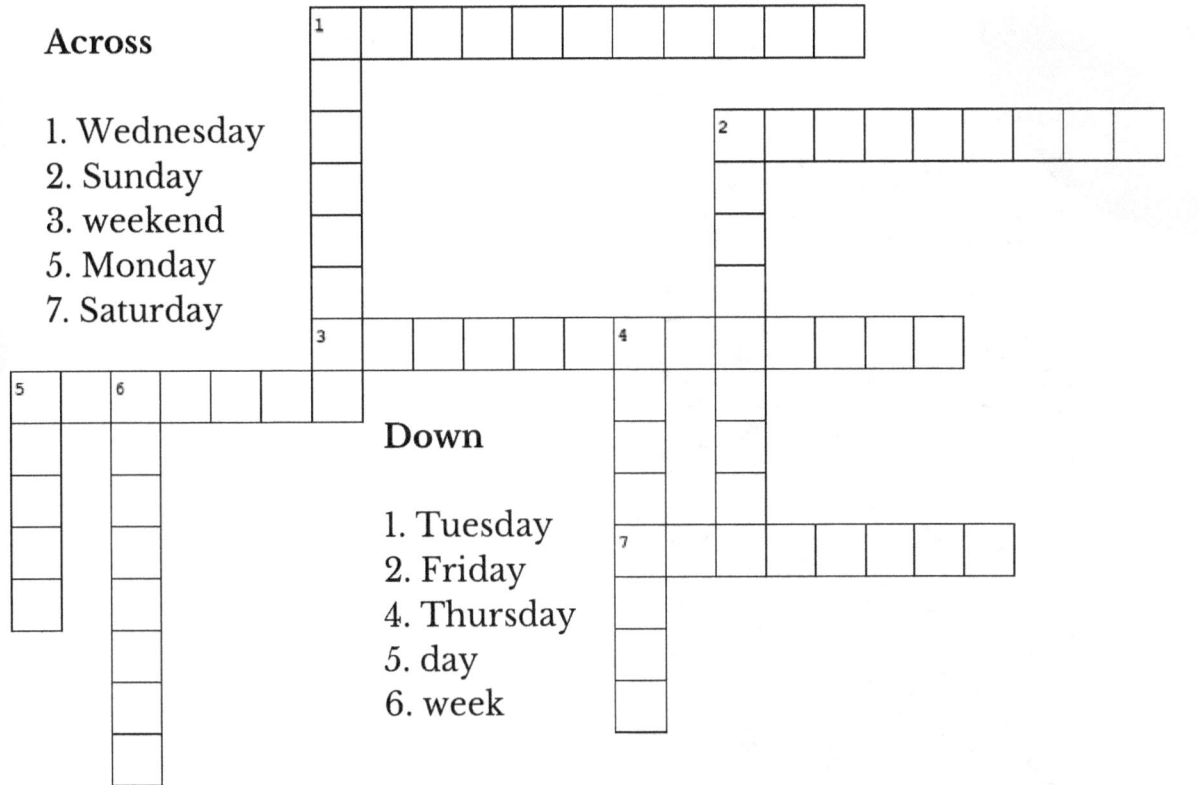

2.4

Across

2. morning
4. night
7. afternoon/evening
9. yesterday
10. today

Down

1. date
3. tomorrow
5. weekend
6. next
8. last

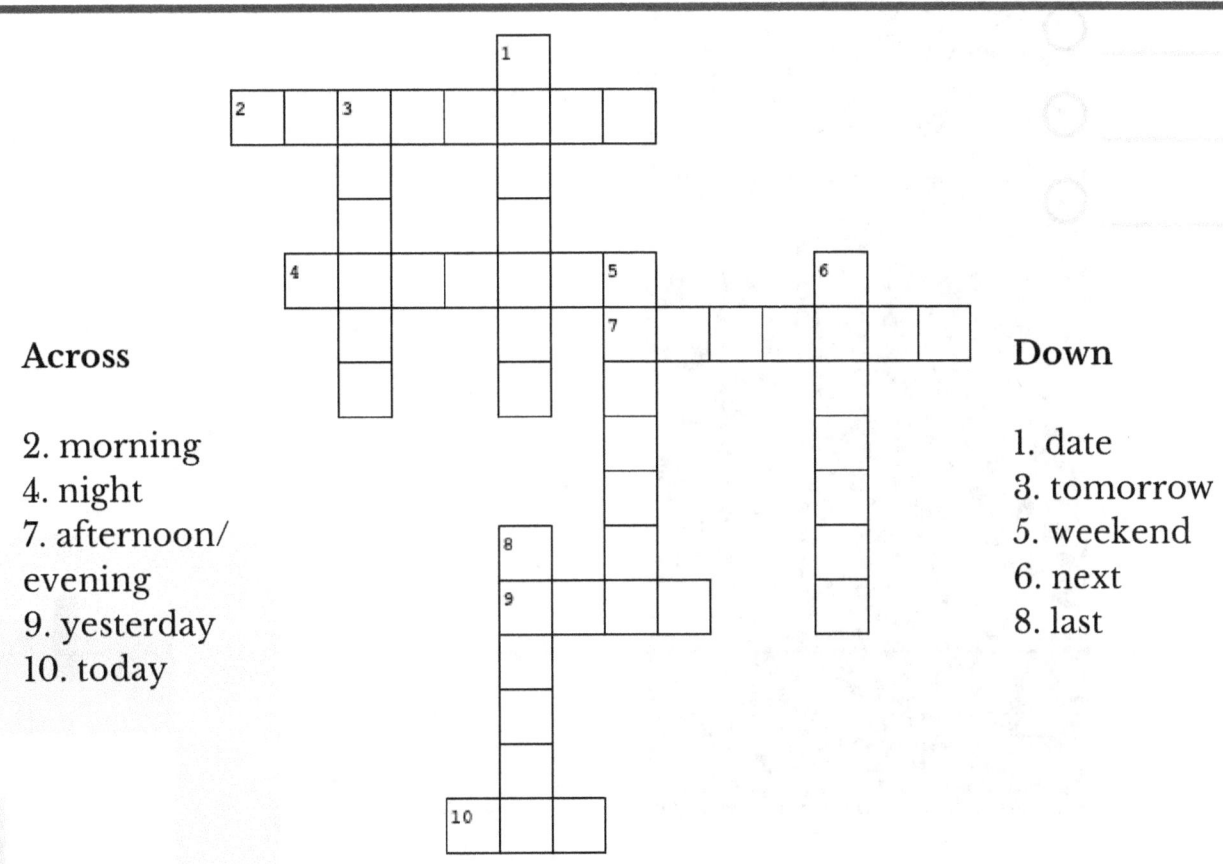

7

2.5

ENGLISH	SPANISH
Monday	
Tuesday	
Wednesday	
Thursday	
Friday	
Saturday	
Sunday	
week	
weekend	
day	
morning	
afternoon/evening	
night	
today	
yesterday	
tomorrow	
next	
last	
weekend	
date	

3 LOS MESES DEL AÑO

MONTHS OF THE YEAR

1. enero - *January*
2. febrero - *February*
3. marzo - *March*
4. abril - *April*
5. mayo - *May*
6. junio - *June*
7. julio - *July*
8. agosto - *August*
9. septiembre - *September*
10. octubre - *October*
11. noviembre - *November*
12. diciembre - *December*
13. la primavera - *spring*
14. el verano - *summer*
15. el otoño - *autumn/fall*
16. el invierno - *winter*
17. el mes - *month*
18. el año - *year*
19. la temporada - *season*
20. el calendario - *calendar*

DID YOU KNOW...

The month of January (*enero*) is named after "Janus," the Roman god of beginnings, transitions, and doorways.

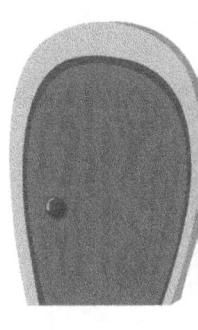

3.1

enero	|	*January*
febrero	|	*February*
marzo	|	*March*
abril	|	*April*
mayo	|	*May*
junio	|	*June*
julio	|	*July*
agosto	|	*August*
septiembre	|	*September*
octubre	|	*October*

```
Ñ Q R A F P R Q O T P J W G C B
W Z V N E E M M U U J U U H C I
L Q Y A B F B A I N U N C N N R
K L I O R W A R H M L I D Z E D
Y P T U U W T Z E A Y O Q B L D
K C H L A A T O T R N P M H F K
O R Q J R L B T A C O E T E R P
O D V G Y J V U Q H V O I N M O
P W H O B X N F R O I M Y E R S
S O U X L A J U N L E A N R N A
D C A W J A O B U B M A Y O E A
D L C T P N K J B I B U B O V P
B G S E P T E M B E R G Z R X R
W S E P T I E M B R E U O A I I
I X M V V Y N M A G O S T O U L
G R A I E P H N H O C T U B R E
```

3.2

noviembre	|	*November*
diciembre	|	*December*
la primavera	|	*spring*
el verano	|	*summer*
el otoño	|	*autumn/fall*
el invierno	|	*winter*
el mes	|	*month*
el año	|	*year*
la temporada	|	*season*
el calendario	|	*calendar*

```
P S G S D P T T G N J O A L D O
F F E Q N K A M Z A N E E G T Z
R Y I A E Y E L I N V I E R N O
V B J A U T U M N / F A L L M O
F T Y S S F W I N T E R C O D F
L A P R I M A V E R A S A L I U
L A T E M P O R A D A P L E R T
S C B O P Ñ R A N E U R E K W N
C C C K O E G E K C A I N D O G
A W V T M L L T H E A N D S H U
Y P O M D A N T Y M N G A I D D
J L U K C Ñ N F S B Z E R U X O
E S L I C O E L M E S Q I Q D E
W V I B M E L V E R A N O T I W
A S V H Q Z W G W N Y Z T Z B R
E L D I C I E M B R E D I K K Y
```

3.3

Across

2. August
3. February
6. March
8. June
9. November
10. September

Down

1. January
2. April
4. October
5. May
7. July

POPULAR HISPANIC CELEBRATION BY MONTH

CULTURAL GEMS

enero	Día de Reyes (Three Kings' Day)
febrero	Carnaval (Carnival)
marzo	Semana Santa (Holy Week)
abril	Feria de Abril (April Fair), Seville, Spain
mayo	Cinco de Mayo (Fifth of May), Mexico
junio	Inti Raymi, Peru
julio	Festival de San Fermín, Pamplona, Spain
agosto	La Tomatina, Buñol, Spain
septiembre	Día de la Independencia (Independence Day), Mexico
octubre	Día de La Raza
noviembre	Día de los Muertos (Day of the Dead), mainly Mexico
diciembre	La Nochebuena (Christmas Eve)

3.4

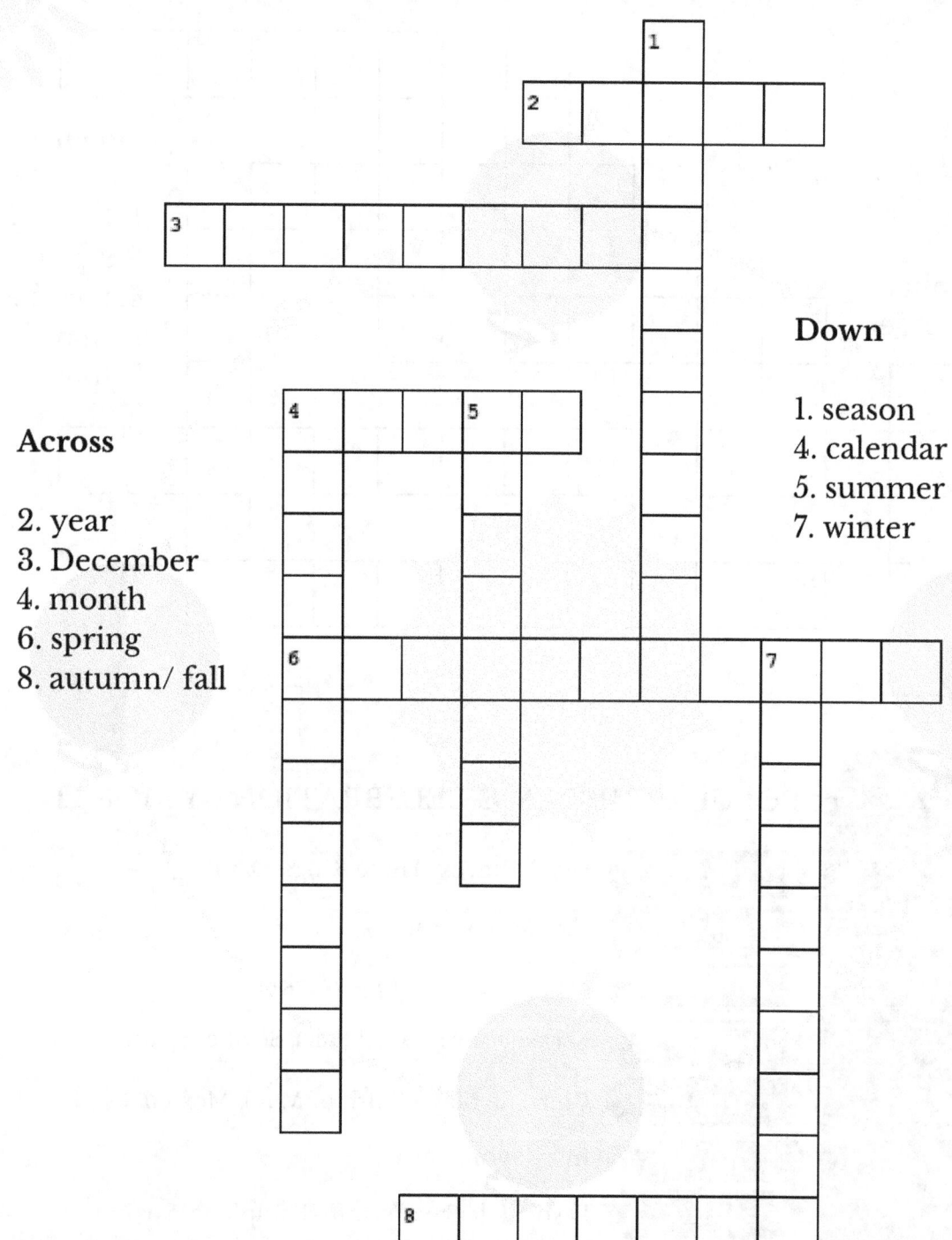

Across

2. year
3. December
4. month
6. spring
8. autumn/ fall

Down

1. season
4. calendar
5. summer
7. winter

CULTURAL GEMS

In Spain, on New Year's Eve, people eat 12 grapes, one for each stroke of the clock at midnight. It is believed that this brings good luck and prosperity for the upcoming year.

3.5

ENGLISH	SPANISH
January	
February	
March	
April	
May	
June	
July	
August	
September	
October	
November	
December	
spring	
summer	
autumn/fall	
winter	
month	
year	
season	
calendar	

4

LOS COLORES

COLORS

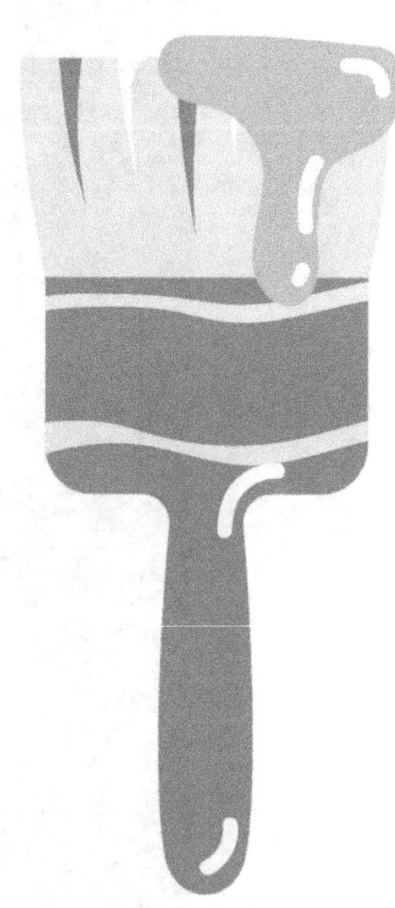

1. rojo - *red*
2. naranja - *orange*
3. amarillo - *yellow*
4. verde - *green*
5. azul - *blue*
6. morado - *purple*
7. púrpura - *purple*
8. rosa - *pink*
9. marrón - *brown*
10. café - *brown*
11. gris - *gray*
12. negro - *black*
13. blanco - *white*
14. violeta - *violet*
15. esmeralda - *emerald*
16. celeste - *light blue*
17. crema - *cream*
18. dorado - *gold*
19. beige - *beige*
20. el color - *color*

GRAMMAR EXPRESS

Colors have gender in Spanish: Unlike in English, where colors are neutral, colors in Spanish are gendered. For example, "*rojo*" (red) is masculine, while "*roja*" is feminine.

4.1

rojo	red
naranja	orange
amarillo	yellow
verde	green
azul	blue
morado	purple
púrpura	purple
rosa	pink
marrón	brown
café	brown

```
V E R D E L N A R A N J A M L D
B A O E A E S Y H H M C M S Z X
W R J S D W W H P N L A A U F B
H S O H Z D S I Y U P K R F N O
X R C W K I U W Z E R D I R É R
S W W V N O N A U B L P L F Ó A
D W U C T S M P D T D L L D X N
M J J W T V X M O R A D O E N G
N O C Z D V X I P F T P E W K E
N X X P M U I T E Ú G U O N P V
E A T A U K M L R U R R I Z E R
P U V Y Y U D J K O B P E Q F Z
W X O O Z Q H S J B G L U E D A
M W T B K O T F A S Y E U R N K
V J M L U L D U V O O X D E A V
I X Z F S P V Y I H P I E B M T
```

4.2

gris	gray
negro	black
blanco	white
violeta	violet
esmeralda	emerald
celeste	light blue
crema	cream
dorado	gold
beige	beige
el color	color

```
H Q K Z J J Z B A C B Y M J C J
B B X K B L A C K V E S Y W V N
P E P W W H I T E Q I J E G I D
A O N G C M P D B L G O Z L O I
W T M W E J I H Q Y E G L L L C
U V T M I R W W U M V S O E E C
Y O H G R Y L E T K D A T M T M
A W L I G H T C Y M C G H E A C
D I R W R O S I O D O M R R B H
R I B L U E L C O L O R B A Z K
E S M E R A L D A S O R L L Y C
G H A X B K Q B I M W R A D U R
R A Y H K N C R E A M L N D Y E
Q W L O Z Q G W S I S C C M O M
S L O C Y C V Z N E G R O C F A
G G G E W R O O T X D E W C U X
```

4.3

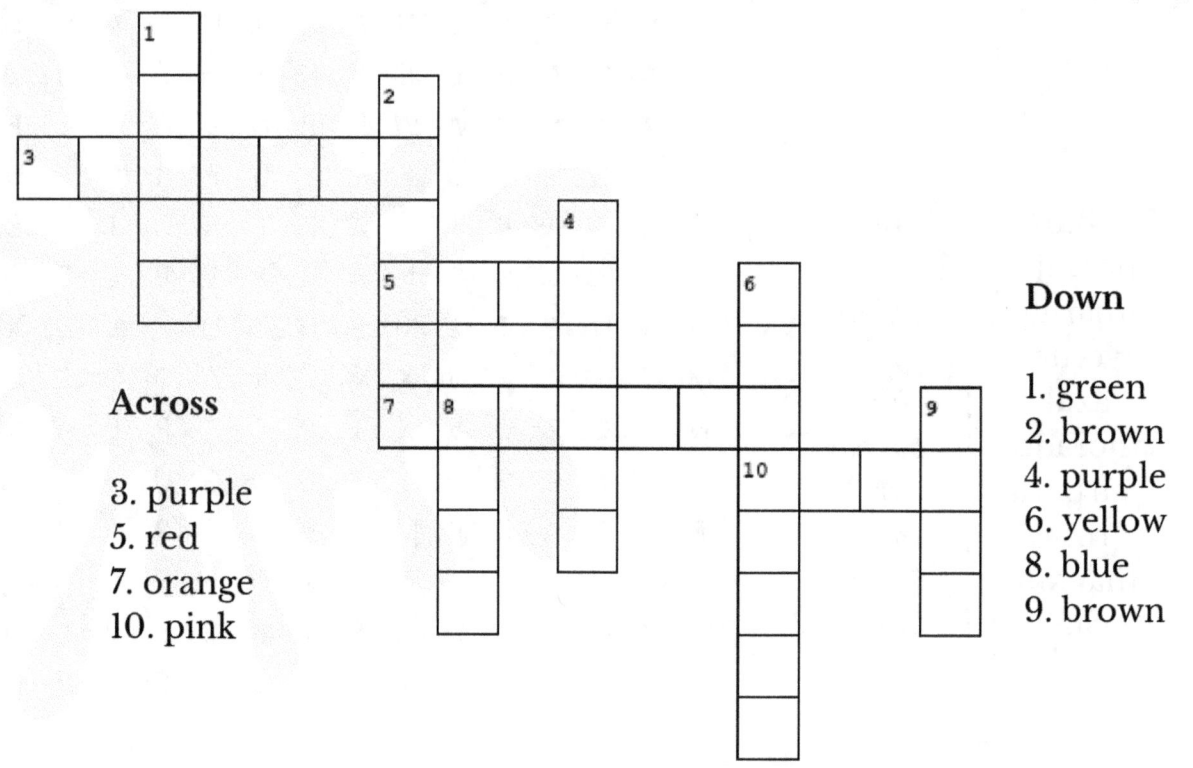

Across

3. purple
5. red
7. orange
10. pink

Down

1. green
2. brown
4. purple
6. yellow
8. blue
9. brown

4.4

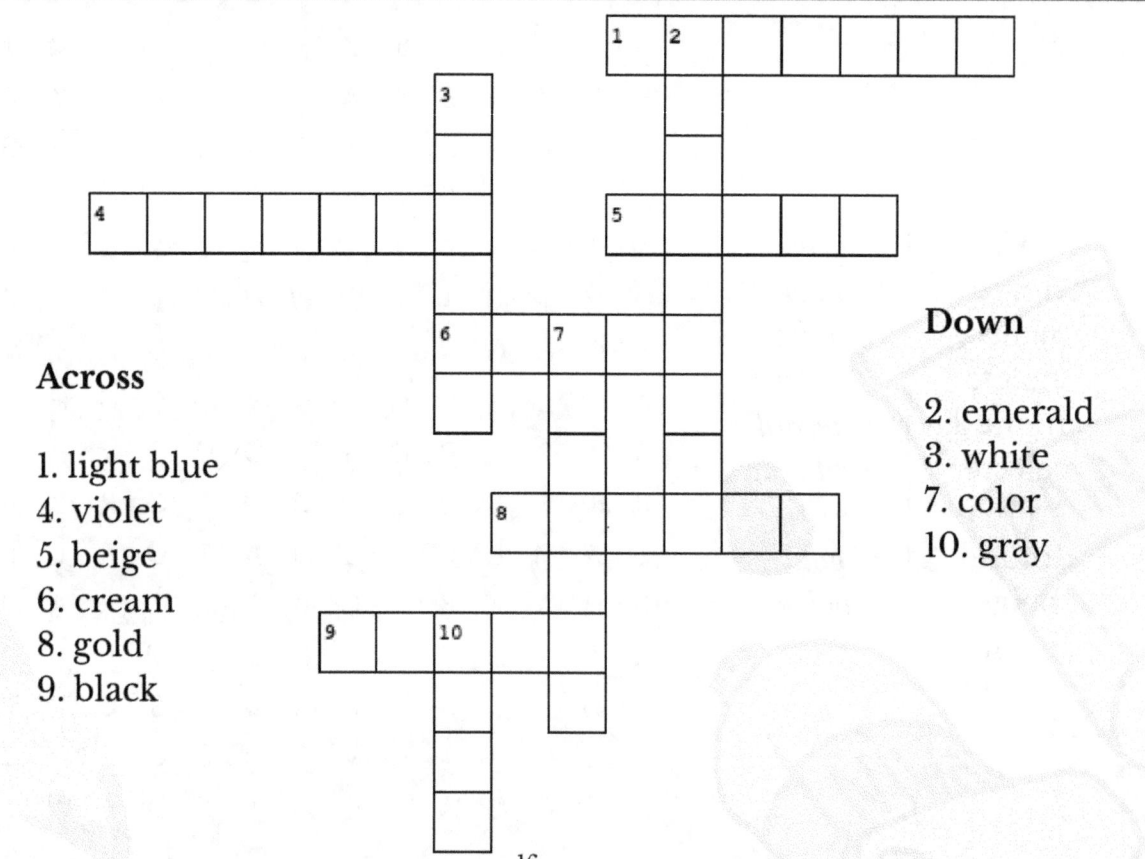

Across

1. light blue
4. violet
5. beige
6. cream
8. gold
9. black

Down

2. emerald
3. white
7. color
10. gray

4.5

ENGLISH	SPANISH
red	
orange	
yellow	
green	
blue	
purple	
purple	
pink	
brown	
brown	
gray	
black	
white	
violet	
emerald	
light blue	
cream	
gold	
beige	
color	

5 SALUDOS Y DESPEDIDAS

GREETINGS AND FAREWELLS

1. Hola - *Hello*
2. Adiós - *Goodbye*
3. Chau - *Bye*
4. Hasta pronto - *See you soon*
5. Nos vemos - *See you*
6. Hasta luego - *See you later*
7. Buenas - *Good morning*
8. Buenas - *Good afternoon*
9. Buenas - *Good evening*
10. Saludos - *Greetings*
11. ¿Qué tal? - *What's up?*
12. ¿Cómo estás? - *How are you?*
13. Buenos días - *Good morning*
14. Buenas tardes - *Good afternoon*
15. Buenas noches - *Good evening/night*
16. Estoy bien - *I'm good*
17. Gracias - *Thank you*
18. Perdón - *Excuse me/I'm sorry*
19. Igualmente - *Likewise*
20. Hasta mañana - *See you tomorrow*

CULTURAL GEMS

In many Spanish-speaking countries, it is common to greet friends and family members with a kiss on the cheek. The number of kisses and the side of the cheek vary by region and personal preference.

5.1

hola	|	*hello*
adiós	|	*goodbye*
chau	|	*bye*
hasta pronto	|	*see you soon*
nos vemos	|	*see you*
hasta luego	|	*see you later*
buenas	|	*good morning*
buenas	|	*good afternoon*
buenas	|	*good evening*
saludos	|	*greetings*

```
Q G O O D B Y E O A A J R X E O
G O O D E V E N I N G G B O L H
U O G I C I X D I D O R U L K A
H D C D B G P E S W O Q E Y H S
Z A B N U X Z H E H D H N C R T
C F S R E C P O E E M S A P S A
B T E T N W H L Y I O Y S Q E P
C E E L A I C A O D R G P L E R
J R Y N S L S K U U N K F U Y O
H N O F Z Ó U L O I I S T K O N
D O U B I V A E T M N F B L U T
B O L D F S M E G B G K U G S O
F N A G N N E Y N O S V E M O S
W L T C O R L W H G X X N I O Z
Q N E D G P B Y E N N A A Q N W
X E R K D B J K D Z O T S S A R
```

5.2

¿Qué tal?	|	*what's up?*
¿Cómo estás?	|	*how are you?*
buenos días	|	*good morning*
buenas tardes	|	*good afternoon*
buenas noches	|	*good evening/ night*
estoy bien	|	*I'm good*
gracias	|	*thank you*
perdón	|	*excuse me/ I'm sorry*
igualmente	|	*likewise*
hasta mañana	|	*see you tomorrow*

```
G B U E N O S D Í A S G S A G F
O D W W G R A C I A S O G Y E E
O B H P O L S X I M G O O D X R
M S A X O L E H U U B D O L C H
W C T Q D I E O P C U E D B U A
T V S U M K Y A H T E V A U S S
E Y U É O E O J I H N E F E E T
D C P T R W U E G A A N T N M A
P Ó O A N I T S U N S I E A E M
F M W L I S O T A K N N R S I A
P O K Y N E M O L Y O G N T M Ñ
H E N O G K O Y M O C N O A S A
C S R L Z D R B E U H I O R O N
D T C D L T R I N K E G N D R A
E Á L S Ó A O E T V S H V E R X
Q S D V H N W N E W Q T A S Y P
```

5.3

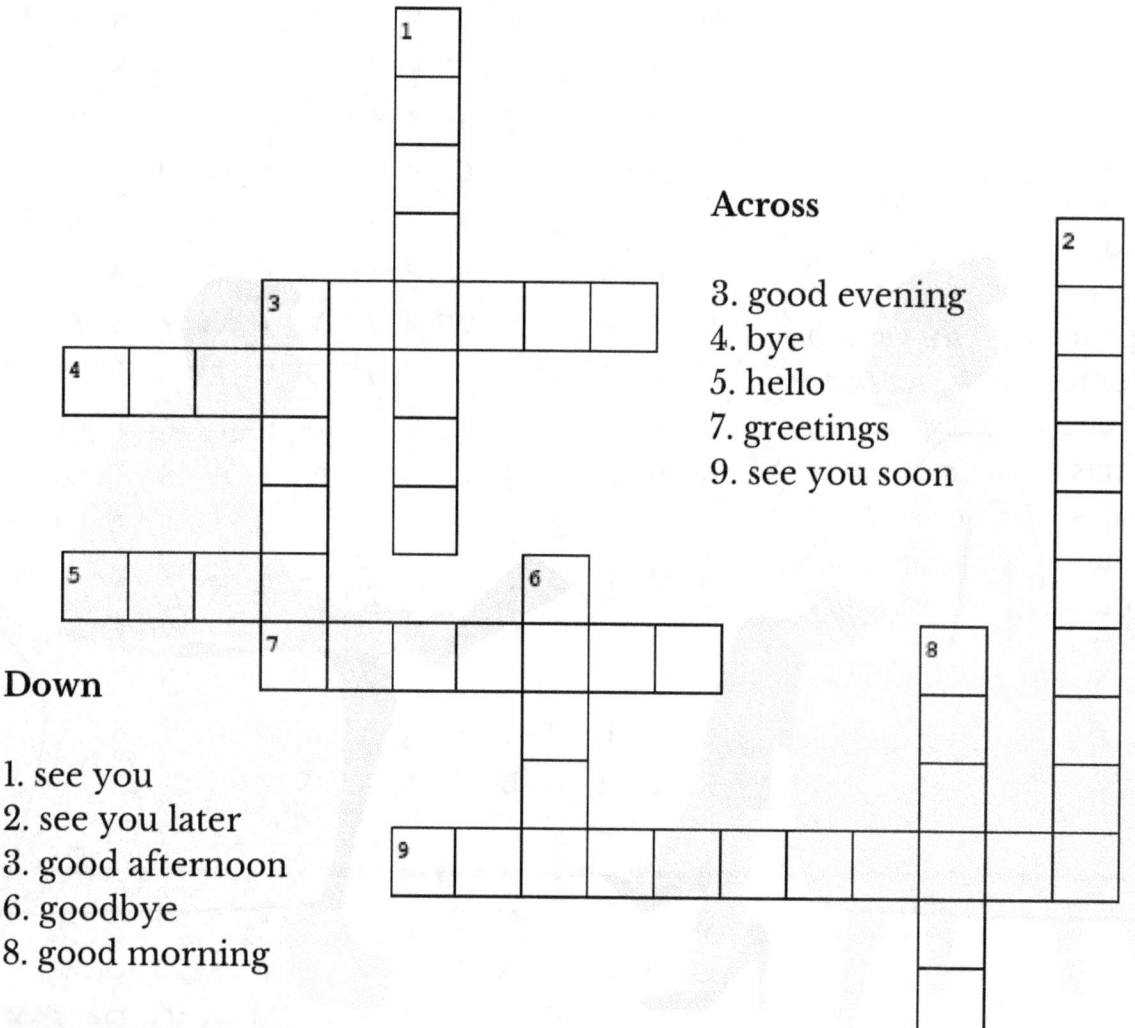

Across

3. good evening
4. bye
5. hello
7. greetings
9. see you soon

Down

1. see you
2. see you later
3. good afternoon
6. goodbye
8. good morning

CULTURAL GEMS

LET'S TEXT IN SPANISH!

- npn - no pasa nada (no problem)
- tb - también (also)
- pq? - ¿Por qué? (Why?)
- pq - porque (because)
- q? - ¿Qué? (What?)
- q - que (that)
- dnd? - ¿Dónde? (Where?)
- haha - jaja

5.4

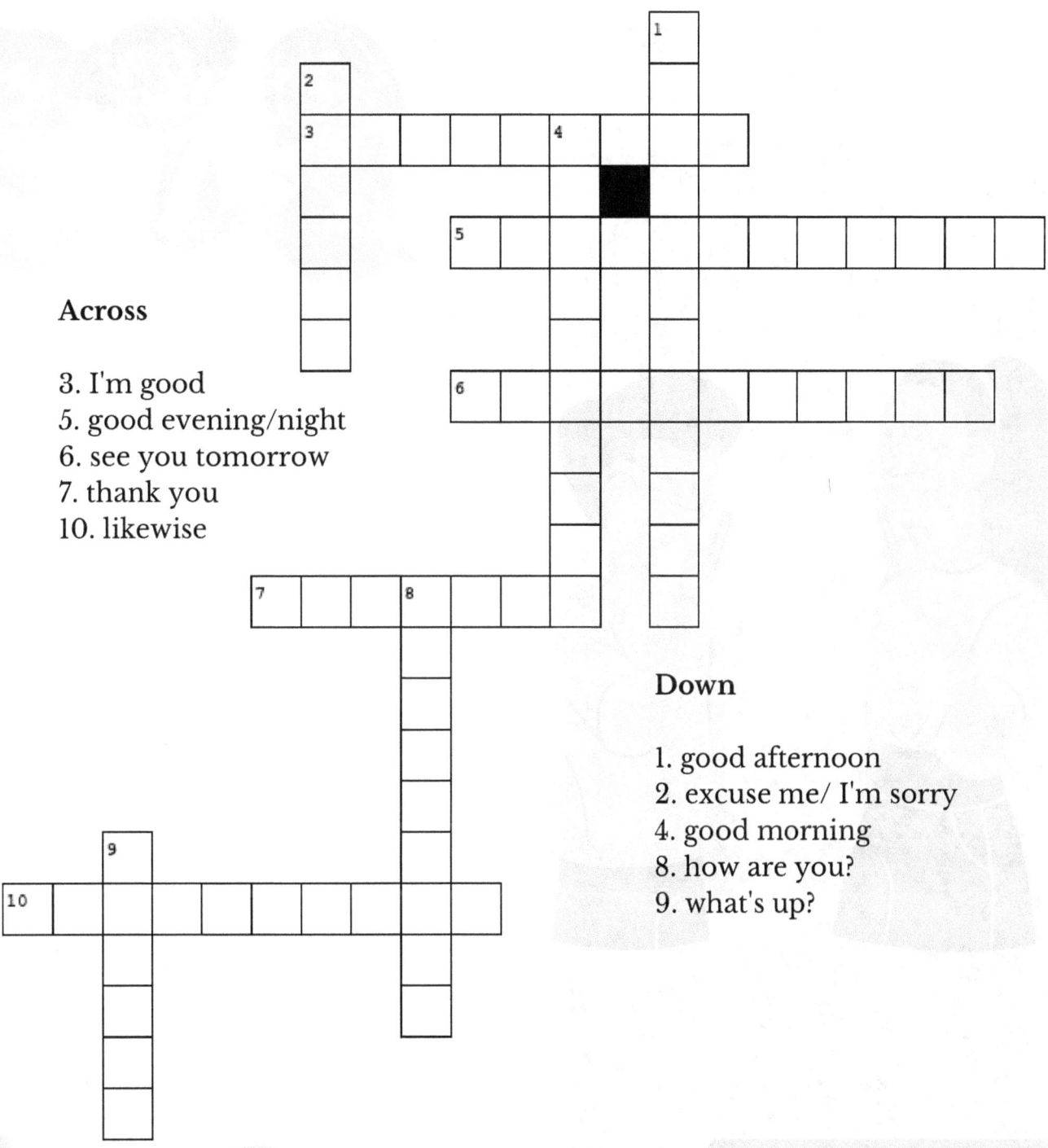

Across

3. I'm good
5. good evening/night
6. see you tomorrow
7. thank you
10. likewise

Down

1. good afternoon
2. excuse me/ I'm sorry
4. good morning
8. how are you?
9. what's up?

5.5

ENGLISH	SPANISH
hello	
goodbye	
bye	
see you soon	
see you	
see you later	
good morning	
good afternoon	
good evening	
greetings	
what's up?	
how are you?	
good morning	
good afternoon	
good evening/night	
I'm good	
thank you	
excuse me/I'm sorry	
likewise	
see you tomorrow	

6. LAS PREGUNTAS

QUESTIONS

1	¿Quién? - *Who?*	
2	¿Qué? - *What?*	
3	¿Cuándo? - *When?*	
4	¿Dónde? - *Where?*	
5	¿Por qué? - *Why?*	
6	¿Cómo? - *How?*	
7	¿Cuál? - *Which?*	
8	¿Cuánto? - *How much?*	
9	¿Para qué? - *For what?*	
10	¿De quién? - *Whose?*	
11	¿Con quién? - *With whom?*	
12	¿A quién? - *To whom?*	
13	¿Desde cuándo? - *Since when?*	
14	¿Hasta cuándo? - *Until when?*	
15	¿Sobre qué? - *About what?*	
16	¿A qué hora? - *At what time?*	
17	¿Cómo estás? - *How are you?*	
18	¿Qué quieres? - *What do you want?*	
19	¿Qué hora es? - *What time is it?*	
20	¿Cuánto cuesta? - *How much does it cost?*	

GRAMMAR EXPRESS

In Spanish, the inverted question mark (¿) is used to indicate the beginning of a question. It is a grammatical requirement and serves as a visual cue for readers, helping them understand that a question is being asked.

6.1

¿Quién?	who?
¿Qué?	what?
¿Cuándo?	when?
¿Dónde?	where?
¿Por qué?	why?
¿Cómo?	how?
¿Cuál?	which?
¿Cuánto?	how much?
¿Para qué?	for what?
¿De quién?	whose?

```
W K J F G V G Q E J F G W V Z M
U C U L I C M L R S X J F I L G
B X Á Y M E T Z F C F N Z V K Y
A U E H S A Y J O L W O P Q A C
C Ó M O H K Z S N I L A O H É S
C E H W J X I Z H S X H R U I G
B W Q M H M R N F Z A Q Q X O S
K H U U H O W V C O Z A U N P W
B Y É C I Z O R E V R W É V B A
O D I H U É E D R A J W R V I N
A H O W Z Á N J P L J J H D K T
W H E N M Ó N B G A U D A A F J
S H J Q D V S D X Z C U Á N T O
C D E Q U I É N O T K B B E Z U
M M P R M Q P E N L C J Z U O J
A Q D I E D Y W F G L L H Q T J
```

GRAMMAR EXPRESS

In Spanish, both "¿Cuál?" and "¿Qué?" can be translated as "which" in English, but they are used in different contexts. "¿Cuál?" is used when there is a limited set of options, and you are choosing from that set. "¿Qué?" is used when asking for general information or when the options are not explicitly stated.

For instance, if you want to ask someone which movie they prefer from a specific list, you would say, "¿Cuál película prefieres?" (Which movie do you prefer?). Here, the options are limited to a specific set of movies.

On the other hand, if you want to ask someone what they are doing, you would say, "¿Qué haces?" (What are you doing?). Here, you're seeking general information without referring to specific options.

6.2

```
K P H S Q H O W A R E Y O U I U K
H O W M U C H D O E S I T C O S T
V J Z I F D T U N T I L W H E N N
Z D E S D E C U Á N D O O M T E C
Q U É Q U I E R E S N R I A H C Ó
W A H S I R B F J W I T H W H O M
O I A Q U É H O R A T W E H L N O
P E S L A I W A J A T C S A H Q E
R Q T O W H O M H U N E W T G U S
Y J A H D W U W O I A N S T S I T
D X C Q R S T B S R G Q Q I K É Á
Z F U C U A A K O T V W F M V N S
X Y Á E F I Z H F S O B R E Q U É
D L N K H U É C M T U S X I A O I
P P D K C U Á N T O C U E S T A S
X S O K Q T W E O K Y B X I O O M
E W H A T D O Y O U W A N T R N G
```

¿Con quién?	with whom?	¿A qué hora?	at what time?
¿A quién?	to whom?	¿Cómo estás?	how are you?
¿Desde cuándo?	since when?	¿Qué quieres?	what do you want?
¿Hasta cuándo?	until when?		
¿Sobre qué?	about what?	¿Qué hora es?	what time is it?
		¿Cuánto cuesta?	how much does it cost?

GRAMMAR EXPRESS

"¿*Dónde?*" is used to ask "where?" However, "*¿Adónde?*" specifically asks "where to?" or "to where?" indicating direction or destination. "*¿De dónde?*" asks "from where?" inquiring about the origin or source of something or someone.

6.3

Across

2. where?
4. what?
6. who?
7. when?
8. why?

Down

1. how?
3. whose?
5. how much?
7. which?
8. for what?

CULTURAL GEMS

¿Mande?: This slang phrase is commonly used in Mexico and some other Spanish-speaking countries to mean "Pardon?" or "Can you repeat that?" It's an informal way of asking someone to clarify or repeat what they said.

6.4

Across

3. to whom?
5. what time is it?
6. with whom?
7. since when?
9. how much does it cost?
10. about what?

Down

1. until when?
2. at what time?
4. what do you want?
8. how are you?

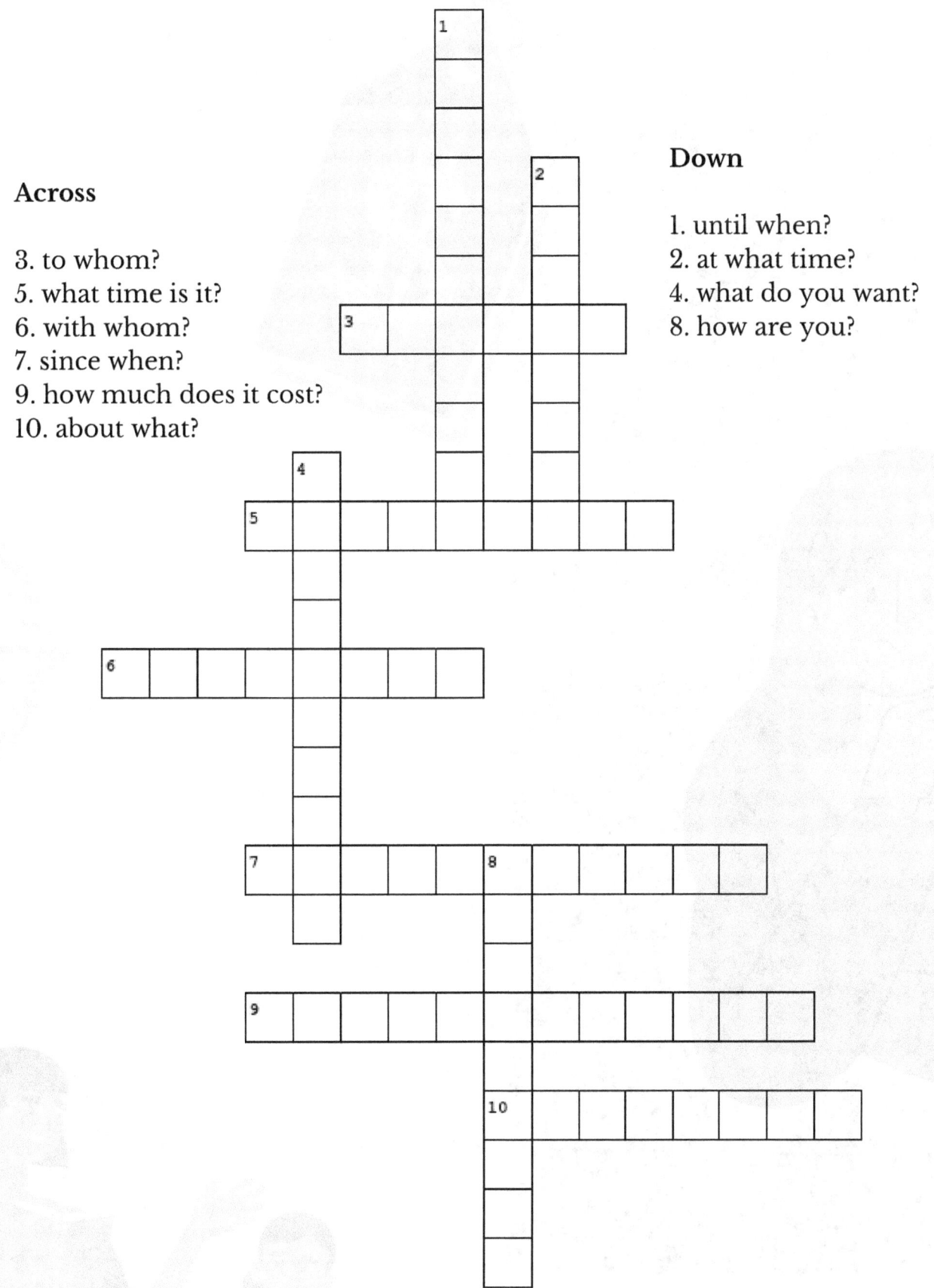

6.5

ENGLISH	SPANISH
who?	
what?	
when?	
where?	
why?	
how?	
which?	
how much?	
for what?	
whose?	
with whom?	
to whom?	
since when?	
until when?	
about what?	
at what time?	
how are you?	
what do you want?	
what time is it?	
how much does it cost?	

7 LA INFORMACIÓN PERSONAL

PERSONAL INFORMATION

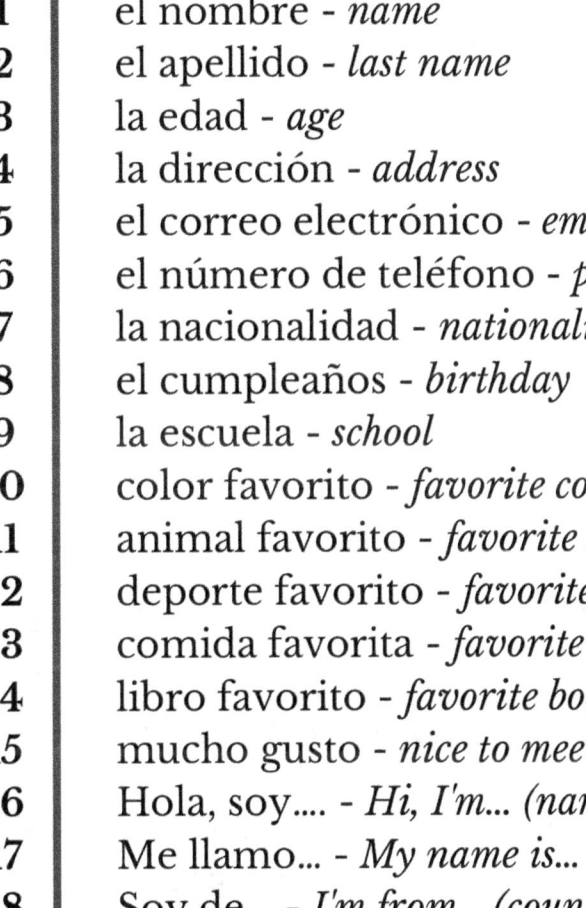

1. el nombre - *name*
2. el apellido - *last name*
3. la edad - *age*
4. la dirección - *address*
5. el correo electrónico - *email address*
6. el número de teléfono - *phone number*
7. la nacionalidad - *nationality*
8. el cumpleaños - *birthday*
9. la escuela - *school*
10. color favorito - *favorite color*
11. animal favorito - *favorite animal*
12. deporte favorito - *favorite sport*
13. comida favorita - *favorite food*
14. libro favorito - *favorite book*
15. mucho gusto - *nice to meet you*
16. Hola, soy.... - *Hi, I'm... (name)*
17. Me llamo... - *My name is...*
18. Soy de... - *I'm from... (country)*
19. Tengo ... años - *I'm ... years old*
20. Me gusta... - *I like...*

CULTURAL GEMS

In many Spanish-speaking countries, individuals have two surnames, known as "*apellidos*." The first surname is typically the father's first surname, followed by the mother's first surname.

7.1

```
E L C O R R E O E L E C T R Ó N I C O
V C F P H O N E N U M B E R H Z J Z N
E L N Ú M E R O D E T E L É F O N O I
F P E T Q Q R C E U B L L C J Y W S T
G K L Z H Q N L A S T N A M E I S F A
M F C O L O R F A V O R I T O E Y Y L
I N U F A E L U E D E E R C R K T E X
B B M A E N O T T R I H K D G I D P O
B O P V S C L K B Q F R D X L F J T Y
H Q L O C P T M S B D A E A A U J P L
U Q E R U G O T Y N L E N C F X P K G
C T A I E N G L E I B O H R C S H O H
C D Ñ T L L A N A C I O N A L I D A D
N S O E A E Z M P T R T R Y A Q Ó Q T
J M S C Y R E E A O T A R G E J R N Z
S C H O O L V N S V H N S X D D F A J
D P E L A P E L L I D O K V A Z F M H
V S H O L D M B S I A G E Z D N T E O
A D D R E S S P W U Y W S I G U G Y B
```

el nombre	name
el apellido	last name
la edad	age
la dirección	address
el correo electrónico	email address
el número de teléfono	phone number
la nacionalidad	nationality
el cumpleaños	birthday
la escuela	school
color favorito	favorite color

CULTURAL GEMS

It is common for individuals in Spanish-speaking cultures to have multiple given names. For example, a person might have both a first name and a middle name, and they may use both names or choose to be called by one of them!

7.2

```
W H B C X E N I C E T O M E E T Y O U
H N T C M P N X F L O X K P S S T S J
D E P O R T E F A V O R I T O I M L O
V G R M U V U D V W B O C Ñ R R T H B
G H I I M W A S O T B Q A O H O F S X
S O Y D E K I N R T X O V O K V F M F
G L R A N E M R I Z G A I S A L A I A
I A W F M D C O T N F L W T I S V K V
Y S O A R L B X E L J P S D I E O A O
S O N V I V G T A A J U T J M L R I R
U Y S O M X V M N F G X W T F I I Z I
M H B R Y F I R I E K O S Z R B T K T
L U P I E N T O M E L L A M O H E I E
Q A W T A B E R A M Z X R A M T F L B
O F D A R A P V L D U A K S I J O R O
Y O E Z S I N M U C H O G U S T O X O
L I B R O F A V O R I T O H V W D H K
V P O G L T T N Z O N G Q O D S E N P
P E S U D F A V O R I T E S P O R T Z
```

animal favorito	*favorite animal*	Hola, soy....	*Hi, I'm... (name)*
deporte favorito	*favorite sport*	Me llamo...	*My name is...*
comida favorita	*favorite food*	Soy de...	*I'm from...(country)*
libro favorito	*favorite book*	Tengo ... años	*I'm ... years old*
mucho gusto	*nice to meet you*	Me gusta...	*I like...*

CULTURAL GEMS

Spanish has endearing suffixes that can be added to names to create affectionate nicknames. Common suffixes include "*-ito*" for masculine names and "*-ita*" for feminine names. E.g. Juan might be called "*Juanito*," and Ana could be referred to as "*Anita*."

7.3

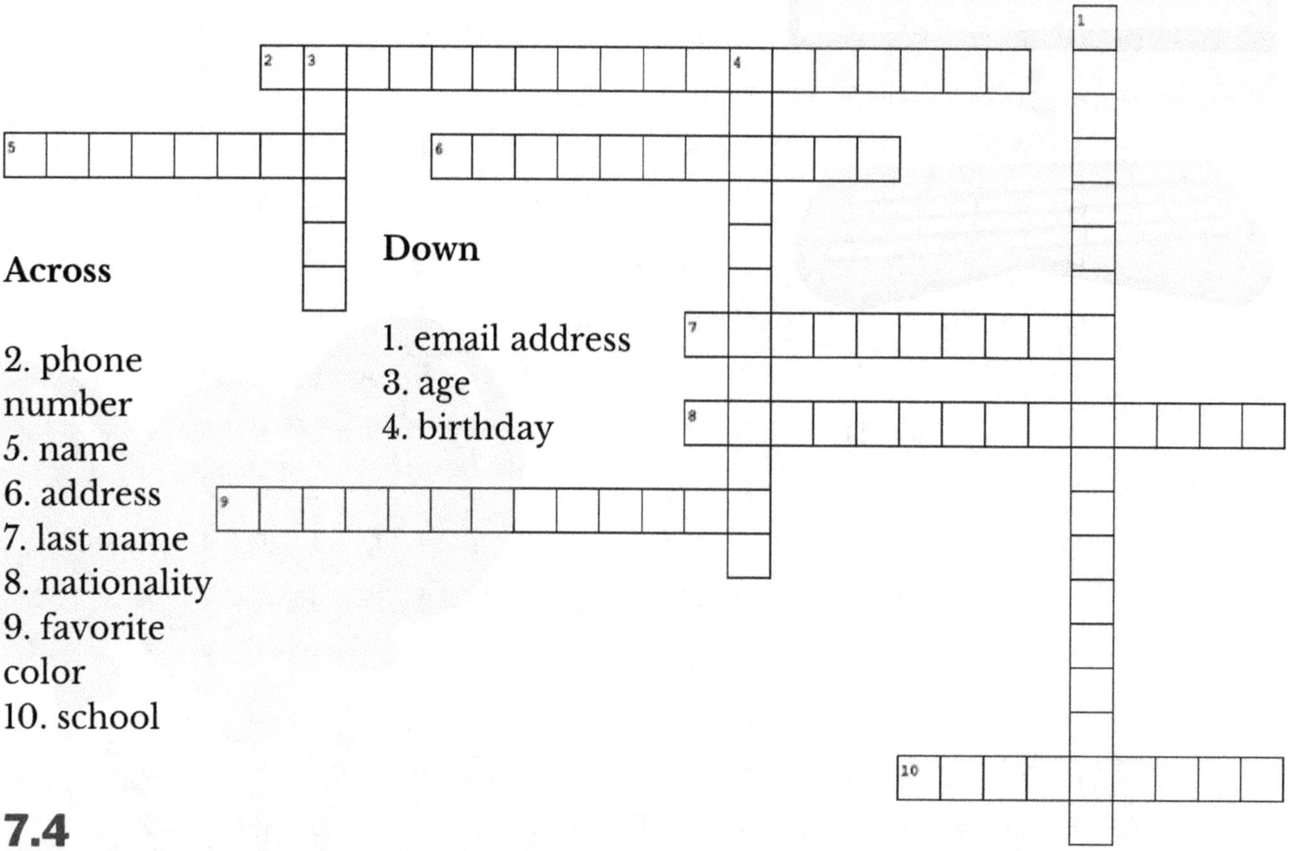

Across

2. phone number
5. name
6. address
7. last name
8. nationality
9. favorite color
10. school

Down

1. email address
3. age
4. birthday

7.4

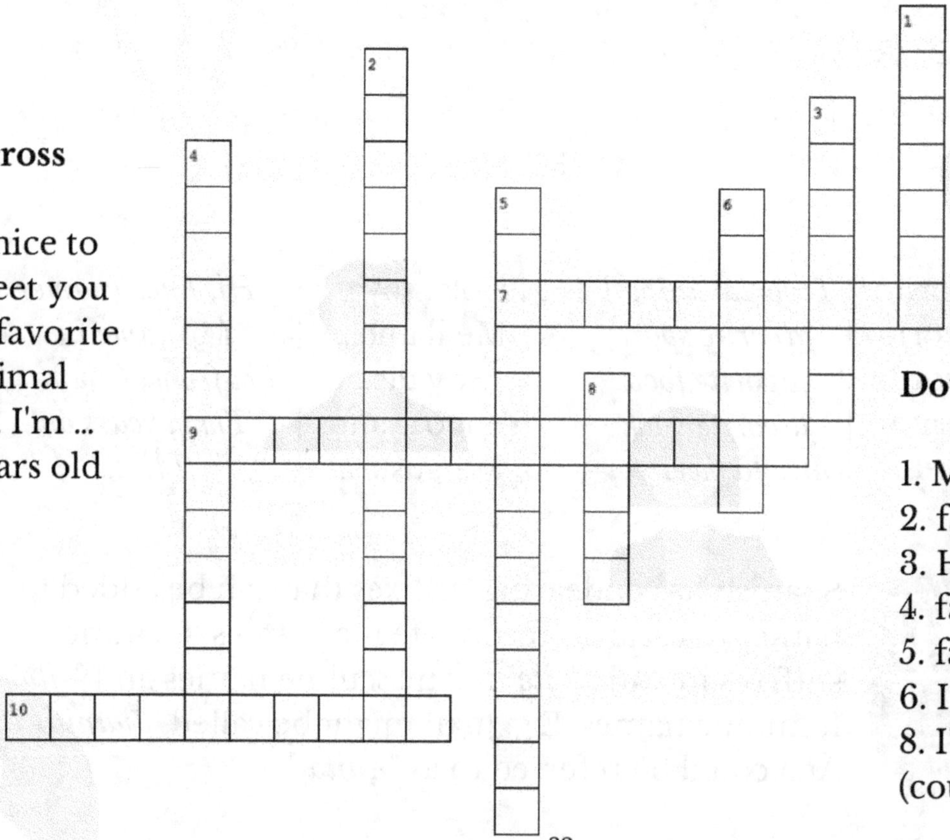

Across

7. nice to meet you
9. favorite animal
10. I'm ... years old

Down

1. My name is...
2. favorite sport
3. Hi, I'm... (name)
4. favorite book
5. favorite food
6. I like...
8. I'm from... (country)

7.5

ENGLISH	SPANISH
name	
last name	
age	
address	
email address	
phone number	
nationality	
birthday	
school	
favorite color	
favorite animal	
favorite sport	
favorite food	
favorite book	
nice to meet you	
Hi, I'm... (name)	
My name is...	
I'm from... (country)	
I'm ... years old	

8 EL CUERPO

BODY

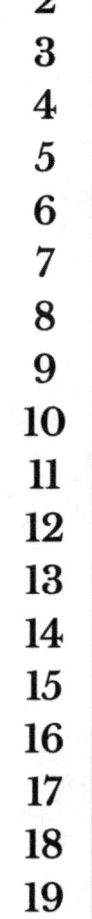

1. la cabeza - *head*
2. el pelo - *hair*
3. la cara - *face*
4. los ojos - *eyes*
5. la nariz - *nose*
6. la boca - *mouth*
7. las orejas - *ears*
8. los dientes - *teeth*
9. la lengua - *tongue*
10. el cuello - *neck*
11. los hombros - *shoulders*
12. los brazos - *arms*
13. las manos - *hands*
14. los dedos - *fingers*
15. el pecho - *chest*
16. la espalda - *back*
17. el estómago - *stomach*
18. la cintura - *waist*
19. las piernas - *legs*
20. los pies - *feet*

DID YOU KNOW...

In Spanish, "*el estómago*" means "stomach," but it is also used figuratively to refer to someone's courage or resilience. For example, if someone has a lot of courage, they might be described as having "*mucho estómago*."

8.1

Spanish	English
la cabeza	head
el pelo	hair
la cara	face
los ojos	eyes
la nariz	nose
la boca	mouth
las orejas	ears
los dientes	teeth
la lengua	tongue
el cuello	neck

```
M E S L O S O J O S C F X N Q O X O F
Y H D Z L U E L C U E L L O E B E C Y
M Z Q S P H E A A A O A U S M C A L Z
H F F G L P T L R B Y M I E D X K P V
H Q V Y L O O E C S O B I A F B J P Q
P A W E U T N N E X V C L A C A R A D
R F P V S D G G M T D H A I R V T C U
A K T C F K U U Y F H C S Z C D W Q V
J L M J E R E A Z A D M O U T H Z P J
T J X W W J I G V C Q F R H U O J Y T
E P B S L O S D I E N T E S E X U B R
L O L V A A W K D T Y M J A B G C S V
P U F D C D N S V V S E A G Z K N Q O
M C V F A H E A D Y U V A S A T U D A B
I X M C B W G D R J R Q X Z Q S S O X
A P D Y E O Y L X I U A T U L J Z R T
N V T W Z N H M E U Z L X F I B D L W
T N W C A U Y B E C F J P G H X H W F
W V A N I R U T M N R L Y Q J P Q L V
```

8.2

Spanish	English
los hombros	shoulders
los brazos	arms
las manos	hands
los dedos	fingers
el pecho	chest
la espalda	back
el estómago	stomach
la cintura	waist
las piernas	legs
los pies	feet

```
V K O H J L O S H O M B R O S M C F L
T G X S A G L W J L D J H M C J H G A
G A G Z C N H A T O H C V J C M A R S
X E A T H M D I S T E S O T W V Q M
L O S D E D O S E P M I R F I Z K O A
P O U K S H P T L X I V T K K D K G N
S O S C T P A E I E L E S T Ó M A G O
R S M B K L O S P I E S R D D Q R O S
C Y D A R D U N P F D H F N J E M E U
T I L C T A L K M I L Y G L A B S F Z
H R B K E R Z G Q N A B V A X S G G I
W Q P G W G V O E G C X Z E D Z K S G
S H O U L D E R S E I C E S R B Y V G
Y B C O C O C Y V R N B E P K O T X Z
J V J U J S Y F G S T O M A C H O J Y
Q F E I N Q S N D H U D H L B Y D B V
A E M F N H G P A W R F D D X I O E E
I Q W W W Y B J O B A S B A S L O W K
G K W T D X Y S N U M K G Z O D X Q N
```

8.3

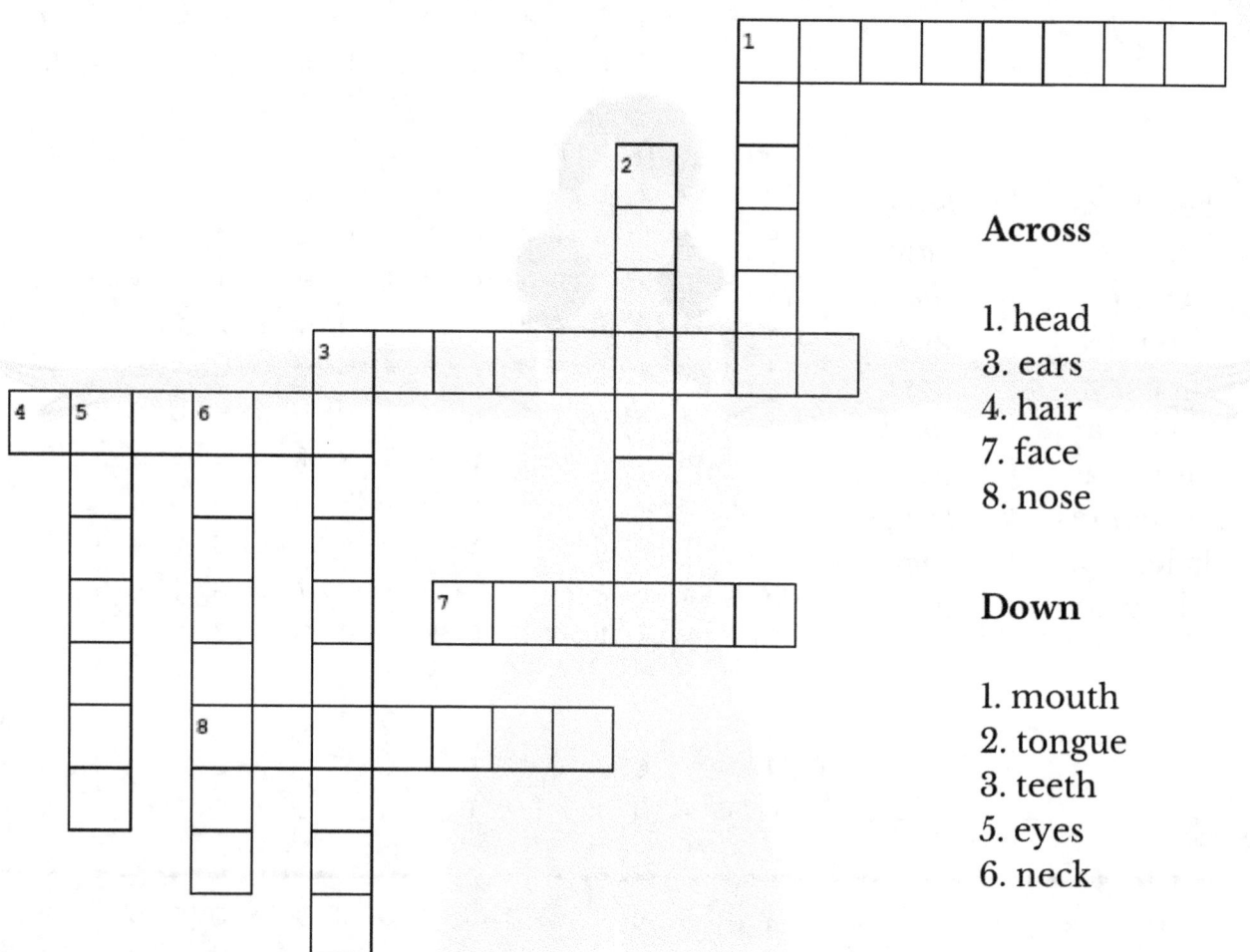

Across

1. head
3. ears
4. hair
7. face
8. nose

Down

1. mouth
2. tongue
3. teeth
5. eyes
6. neck

DID YOU KNOW...

Let's explore some figurative expressions in Spanish!

Tener mano izquierda (to have a left hand):
To be skillful, diplomatic, or tactful in handling situations.

Dar la cara (to give the face):
To face the consequences or take responsibility for one's actions.

Tomar el pelo (to take the hair):
To tease or pull someone's leg.

Costar un ojo de la cara (to cost an eye from the face):
To be very expensive.

8.4

Across

3. legs
6. fingers
7. stomach
9. arms

Down

1. feet
2. chest
4. shoulders
5. waist
6. hands
8. back

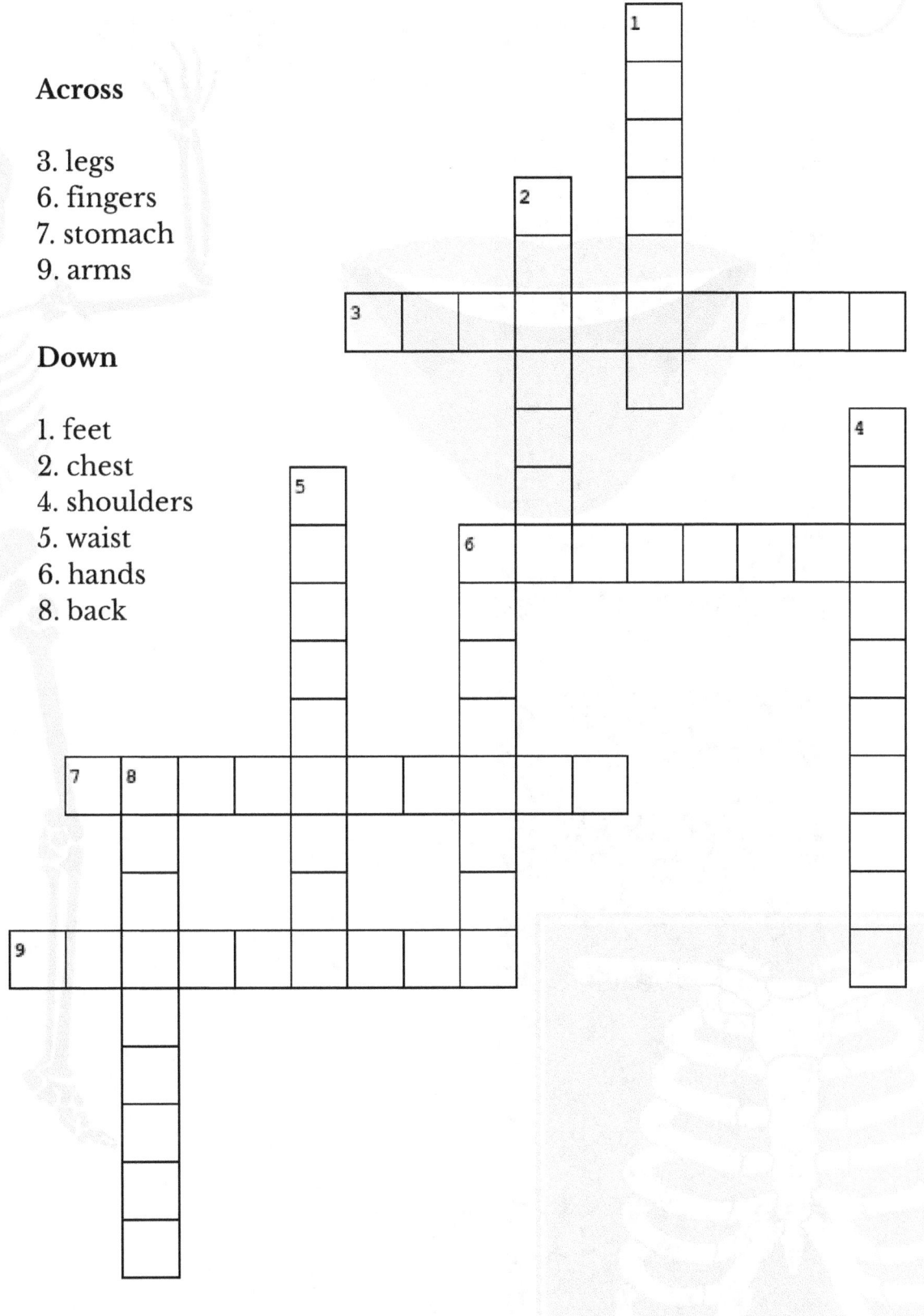

8.5

ENGLISH	SPANISH
head	
hair	
face	
eyes	
nose	
mouth	
ears	
teeth	
tongue	
neck	
shoulders	
arms	
hands	
fingers	
chest	
back	
stomach	
waist	
legs	
feet	

9 LA FAMILIA

FAMILY

1. la madre - *mother*
2. el padre - *father*
3. el hermano - *brother*
4. la hermana - *sister*
5. la abuela - *grandmother*
6. el abuelo - *grandfather*
7. la tía - *aunt*
8. el tío - *uncle*
9. la prima - *cousin (female)*
10. el primo - *cousin (male)*
11. la hija - *daughter*
12. el hijo - *son*
13. la nieta - *granddaughter*
14. el nieto - *grandson*
15. la sobrina - *niece*
16. el sobrino - *nephew*
17. el esposo - *husband*
18. la esposa - *wife*
19. la suegra - *mother-in-law*
20. el suegro - *father-in-law*

CULTURAL GEMS

In Spanish, the term "*hermano/a*" not only means "brother" or "sister" but can also be used to refer to close friends or people who are like family. It reflects the strong sense of camaraderie and bonding that extends beyond blood relations.

9.1

```
U W U C S P G R A N D F A T H E R R J
P Y R P C I H I C F W V U N C L E R D
K G G M A L M Z X C U L T I O H R D V
V N L H M H O K E L Q K M Q T E K R M
X V A A K J T Q C O P E R O T R D J S
W W P E H I A S O R E R S G M K J N
E W R A B E E U V D U B I Q Z A I C M
K I I G N Y R X A E N S H F L N V O D
D O M N R H H M H J T M I E E O H U D
K Q A O J A A O A U T A U N T B E S A
F M O Q K L N C O N R B Y E M N J I B
H M U E L P A D R E A M O G G A W N I
D F D H F J U Y M A N M U Z C J L F B
T Q E L A B U E L O X H F V G C P E A
P G X A T U H F V X T E E L P R I M O
X J J T H N C T T S K H S L T J Z A Y
L B V Í E Q Z B B C A P E C T S C L X
E F G A R Z B X L R J C U R N Í L E D
V K W Q P I L S L O V W C V J T O L K
```

la madre	mother	el abuelo	grandfather
el padre	father	la tía	aunt
el hermano	brother	el tío	uncle
la hermana	sister	la prima	cousin (female)
la abuela	grandmother	el primo	cousin (male)

DID YOU KNOW...

Double the Fun: Gemelos and Mellizos

"*Gemelos*" refers to identical twins, while "*mellizos*" are used for fraternal twins.

9.2

```
G C L A S O B R I N A E E L H I J O P
N R Z V M O T H E R I N L A W A X W R
I W A H P M N E O W T L S X T D E J O
C S Q N I E C E V I L A O J O A V Q Y
E I Z E D R Z J A F T S B N Z G J J Y
E H U P W S F K W E U U R X V A L G F
E E L H M C O A I H B E I R R I V O B
X L K E D R J N T K T G N I T J S R D
O S E W E I A Q Z H V R O A I I O L U
E O A S H L H A G W E A Y I S G V L F
U M L A P R S U F K R R R X M N H Y K
R B L V Q O A U S Z N A I Q C F O R O
K L R L P D S V E B R I X N E N E U Y
Q X N S I Q G O B G A L H G L W Q V Y
F D E L N I E T O J R N F C O A W H F
G A A S P P N N O Q V O D B X C W C U
L O H P C D F U V Z T D T U H B G B I
R G R A N D D A U G H T E R H H Y R M
Y U S F U U A C B P Q V Y T D A L F S
```

la hija	daughter	el sobrino	nephew
el hijo	son	el esposo	husband
la nieta	granddaughter	la esposa	wife
el nieto	grandson	la suegra	mother-in-law
la sobrina	niece	el suegro	father-in-law

CULTURAL GEMS

In Spain, it is common to use the term "*tío/a*" (uncle/aunt) as a friendly and informal way to address someone who is not your actual relative but rather a close friend or someone you have a strong bond with.

9.3

Down

1. grandfather
3. mother
4. uncle
5. cousin (female)
6. sister

Across

2. father
7. brother
8. aunt
9. cousin (male)
10. grandmother

9.4

Down

1. wife
2. husband
3. granddaughter
5. nephew
7. son
10. grandson

Across

4. daughter
6. father-in-law
8. niece
9. mother-in-law

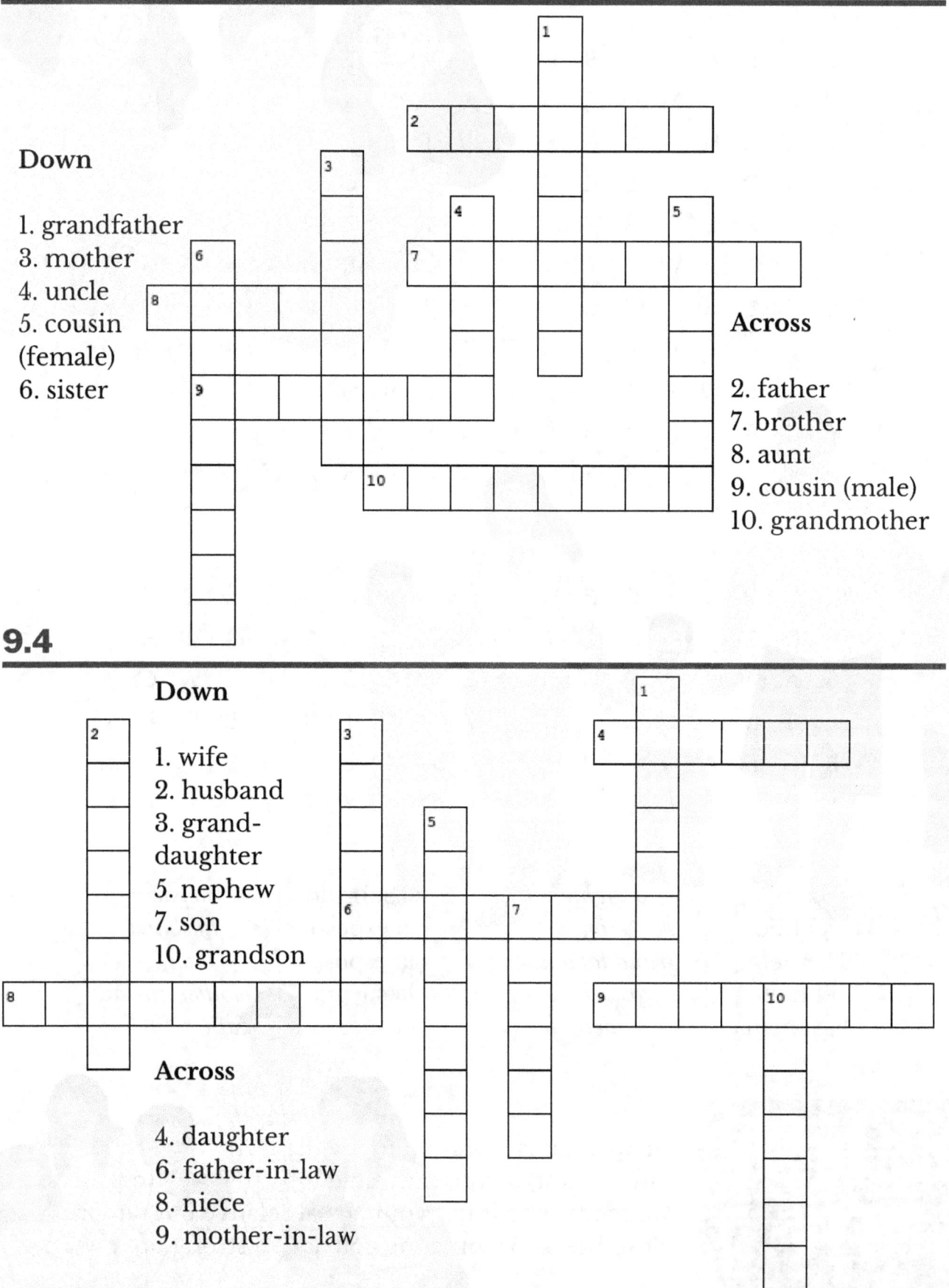

9.5

ENGLISH	SPANISH
mother	
father	
brother	
sister	
grandmother	
grandfather	
aunt	
uncle	
cousin (female)	
cousin (male)	
daughter	
son	
granddaughter	
grandson	
niece	
nephew	
husband	
wife	
mother-in-law	
father-in-law	

10 LAS PROFESIONES

PROFESSIONS

1. el médico - *doctor*
2. el maestro - *teacher*
3. el abogado - *lawyer*
4. el enfermero - *nurse*
5. el/la artista - *artist*
6. el escritor - *writer*
7. el músico - *musician*
8. el camarero - *waiter*
9. la camarera - *waitress*
10. el cocinero - *cook*
11. el/la policía - *police officer*
12. el bombero - *firefighter*
13. el/la astronauta - *astronaut*
14. el fotógrafo - *photographer*
15. el actor - *actor*
16. la actriz - *actress*
17. el/la atleta - *athlete*
18. el/la dentista - *dentist*
19. el conductor - *driver*
20. el arquitecto - *architect*

GRAMMAR EXPRESS

In Spanish, most professions have gender-specific endings to indicate whether it's a male or female practitioner. For example, "*doctor*" becomes "*doctora*" for a female doctor, "*profesor*" becomes "*profesora*" for a female professor.

10.1

```
C G C G E L C A M A R E R O F D C H Y
P R E M E L X K E Y D G O L W M G V N
N E I U U N M Q Q T S R E B C B A S B
T T J L C S N Ú F R S P W K L F U W K
S P X A Z E I C S B O W K E T A X A E
O T V W S M M C K I Z Y R Q B X T F E
H N X Y I Q K M I C C C S I X R S S L
V R I E L A B O G A D O M R T U S P M
S W E R S J B J Y H N O A P A E Z I A
C E L E S C R I T O R K C R R F R T E
I I M D R V S H Q E S L E T T A S X S
B U É Q S R L Z M G I R I N O I B I T
P D D V Y R C R W C A A K U T R S U R
M K I M O R E Q Y M W N Y R E Z K T O
R M C A O F H P A Y N A A S A J V X G
Z N O N N A T C P N V A I E C J Q C P
K E D E Z V A B T J L B X T H Y R V K
K N L Y P L A Y P L D N A E E Q E Y L
E E L C O C I N E R O B A J R R L E D
```

Spanish	English	Spanish	English
el médico	doctor	el escritor	writer
el maestro	teacher	el músico	musician
el abogado	lawyer	el camarero	waiter
el enfermero	nurse	la camarera	waitress
el/la artista	artist	el cocinero	cook

CULTURAL GEMS

"Piñatero/a" (Piñata Maker): Piñatas are an integral part of celebrations in many Spanish-speaking countries, particularly during birthdays and holidays. Piñateros are skilled artisans who create elaborate and colorful piñatas, often shaped like animals, characters, or objects, bringing joy to festivities.

10.2

```
R T K E L L A P O L I C Í A Z A I B S
E X N L Q H C V D Z T W B I P K S V I
F L E L G B T H J R L W R B G I P X P
G O L A S T R O N A U T T W E B O J Y
C S B A F X E B G N C M H P L Z L J N
G U H S D U S J G A B U G P A V I C D
Q M V T N E S R A C R L J D R L C R F
V J H R K E N L Y T J C T E Q Q E I N
C A U O M L C T S O D X H F U V O E I
M L K N V B Y Q I R B P R I I T F L Y
N A K A U O O L K S A B V R T D F L D
K M Z U M M O B P R T R D E E E I A I
L Y I T M B V Z G E T A K F C N C A N
J T X A S E A O S L U N R I T T E T G
G B R R H R T T X A Z M Y G O I R L G
W B E L C O N D U C T O R H J S I E I
Z F A T H L E T E T N P U T U T B T W
R C F P R M G R B O K J L E H T H A A
S X E L F O T Ó G R A F O R A H M G N
```

el/la policía	*police officer*	la actriz	*actress*
el bombero	*firefighter*	el/la atleta	*athlete*
el/la astronauta	*astronaut*	el/la dentista	*dentist*
el fotógrafo	*photographer*	el conductor	*driver*
el actor	*actor*	el arquitecto	*architect*

CULTURAL GEMS

"*Luchador/a*" (Wrestler): *Lucha libre*, a form of professional wrestling, is extremely popular in Mexico. *Luchadores* wear colorful masks and perform acrobatic moves in highly theatrical matches, often becoming iconic figures in Mexican popular culture.

10.3

Across

2. lawyer
3. cook
5. waitress
9. musician
10. teacher

Down

1. nurse
4. artist
6. waiter
7. writer
8. doctor

CULTURAL GEMS

The word "*taquero*" refers to a person who specializes in making and selling tacos. A *taquero* typically operates in a street food stall or a *taquería*!

GRAMMAR EXPRESS

The word "*artista*" in Spanish can be used with both masculine (*el*) and feminine (*la*) articles depending on the gender of the person being referred to.

10.4

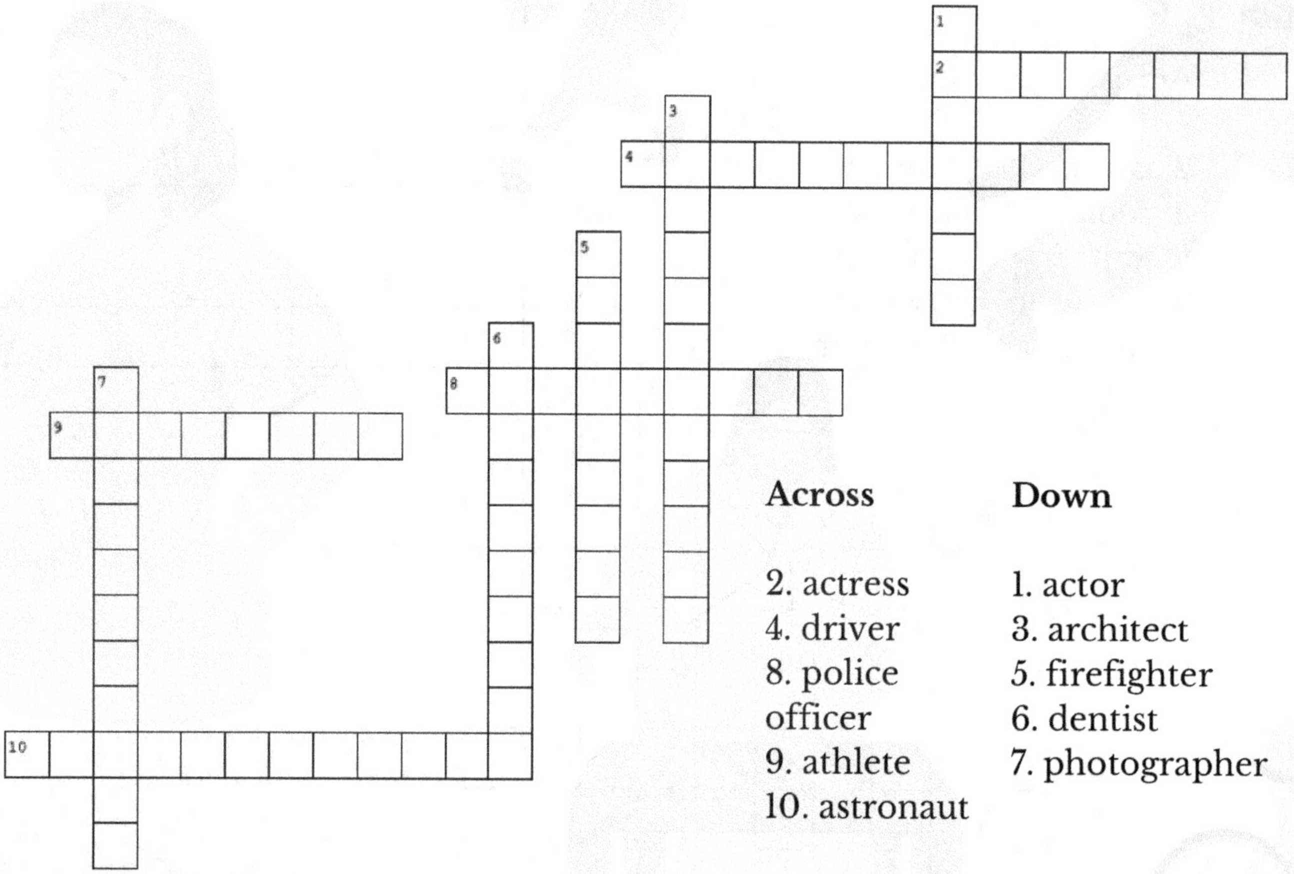

Across

2. actress
4. driver
8. police officer
9. athlete
10. astronaut

Down

1. actor
3. architect
5. firefighter
6. dentist
7. photographer

DID YOU KNOW...

"*Pisador/a de uvas*" (Grape Stomper): During the grape harvest season in wine-producing regions, you may come across traditional methods of grape stomping. *Pisadores de uvas* are individuals who participate in the age-old practice of crushing grapes with their feet to extract the juice, adding a touch of authenticity to winemaking traditions!

CULTURAL GEMS

Literary Icons: How Many Do You Know?

- Gabriel García Márquez (Colombia)
- Isabel Allende (Chile)
- Mario Vargas Llosa (Peru)
- Jorge Luis Borges (Argentina)
- Pablo Neruda (Chile)
- Julio Cortázar (Argentina)

10.5

ENGLISH	SPANISH
doctor	
teacher	
lawyer	
nurse	
artist	
writer	
musician	
waiter	
waitress	
cook	
police officer	
firefighter	
astronaut	
photographer	
actor	
actress	
athlete	
dentist	
driver	
architect	

11 LAS EMOCIONES

EMOTIONS

1. feliz - *happy*
2. triste - *sad*
3. enojado - *angry*
4. asustado - *frightened*
5. nervioso - *nervous*
6. contento - *content*
7. cansado - *tired*
8. aburrido - *bored*
9. emocionado - *excited*
10. preocupado - *worried*
11. alegre - *happy*
12. sorprendido - *surprised*
13. confundido - *confused*
14. avergonzado - *embarrassed*
15. orgulloso - *proud*
16. animado - *animated*
17. enamorado - *in love*
18. ansioso - *anxious*
19. emocional - *emotional*
20. furioso - *furious*

Alegre and Feliz Demystified

"*Alegre*" is used to describe a more immediate or temporary state of happiness or joy, while "*feliz*" represents a deeper and more enduring sense of happiness or contentment.

DID YOU KNOW...

11.1

Spanish	English
feliz	happy
triste	sad
enojado	angry
asustado	frightened
nervioso	nervous
contento	content
cansado	tired
aburrido	bored
emocionado	excited
preocupado	worried

```
N E M O C I O N A D O T T S
K V B L N Q M K U F H N A A
H A P P Y O T W O D E Z N W
Y N S T R I S T E T I R E D
H G W U Z V N N N L X M R P
S R F X S E E O E Q C M V R
E Y L G T T C F R D A M O E
V M F N H W A N V Q N R U O
Z D O G A O D D I H S D S C
U C I F F R E N O J A D O U
W R A A I R G W S S D S O P
F X O S O I I T O W O Y Q A
U A X B N E S E X C I T E D
H Q J H P D A B U R R I D O
```

11.2

Spanish	English
alegre	happy
sorprendido	surprised
confundido	confused
avergonzado	embarrassed
orgulloso	proud
animado	animated
enamorado	in love
ansioso	anxious
emocional	emotional
furioso	furious

```
Q J Z R M E M O T I O N A L
V E S Z C O N F U N D I D O
S M A N I M A T E D L K E U
Y O E M B A R R A S S E D X
U C R Q C M C B V U B E A I
Y I A P A O Y Z I R I N N O
U O N N R L N W M P N A X R
J N S H I E E F F R L M I G
M A I A R M N G U I O O O U
T L O P T I A D R S V R U L
H W S P R O U D I E E A S L
E Y O Y P Q K V O D U D Y O
O J F U R I O U S O O O D S
C O Z A V E R G O N Z A D O
```

11.3

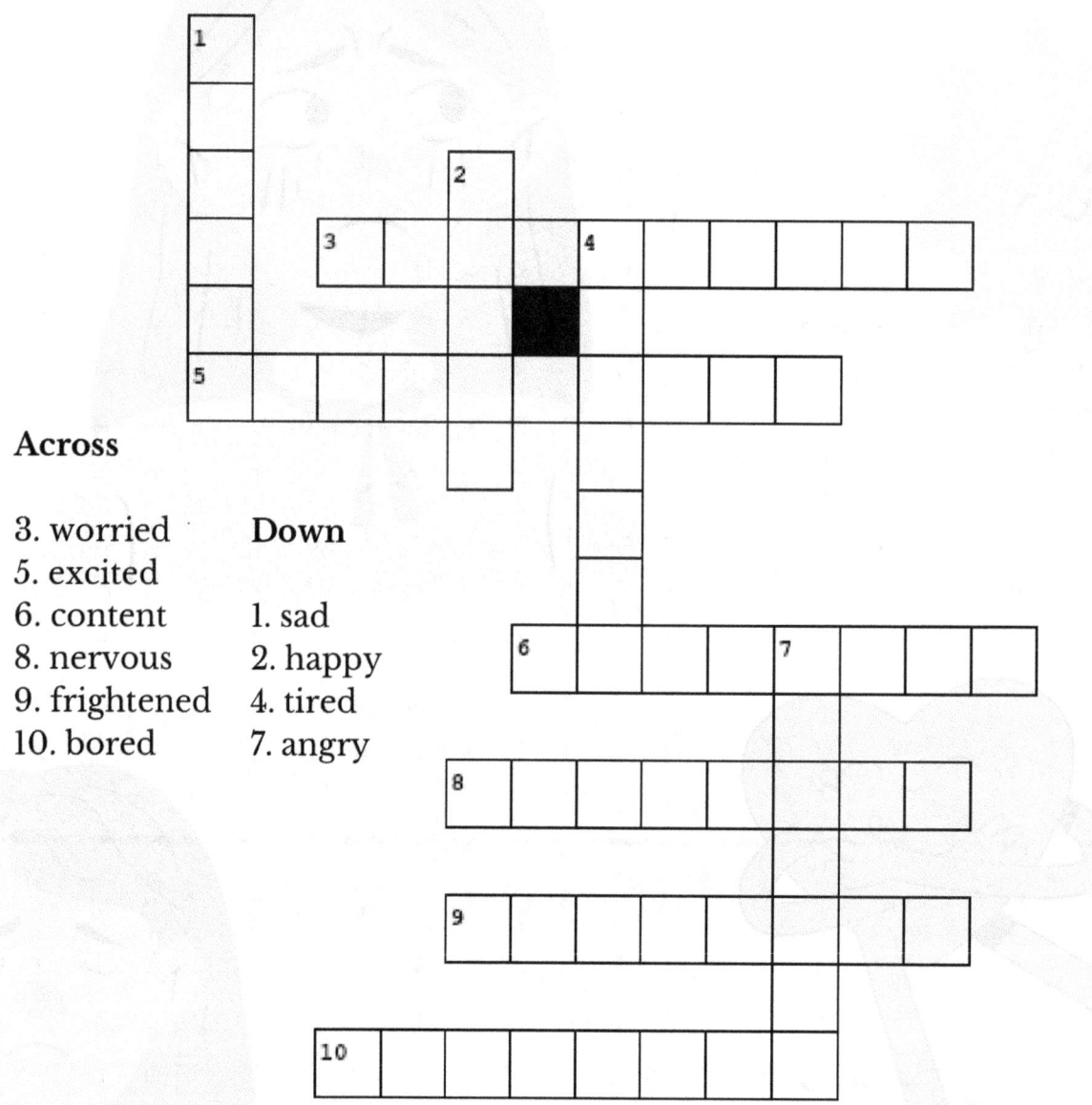

Across

3. worried
5. excited
6. content
8. nervous
9. frightened
10. bored

Down

1. sad
2. happy
4. tired
7. angry

GRAMMAR EXPRESS

Remember that adjectives used to describe emotions should agree in gender and number with the noun they modify. For example, "*Estoy contento*" (I am happy, masculine), "*Estoy contenta*" (I am happy, feminine), or "*Ellos están contentos*" (They are happy, masculine plural).

11.4

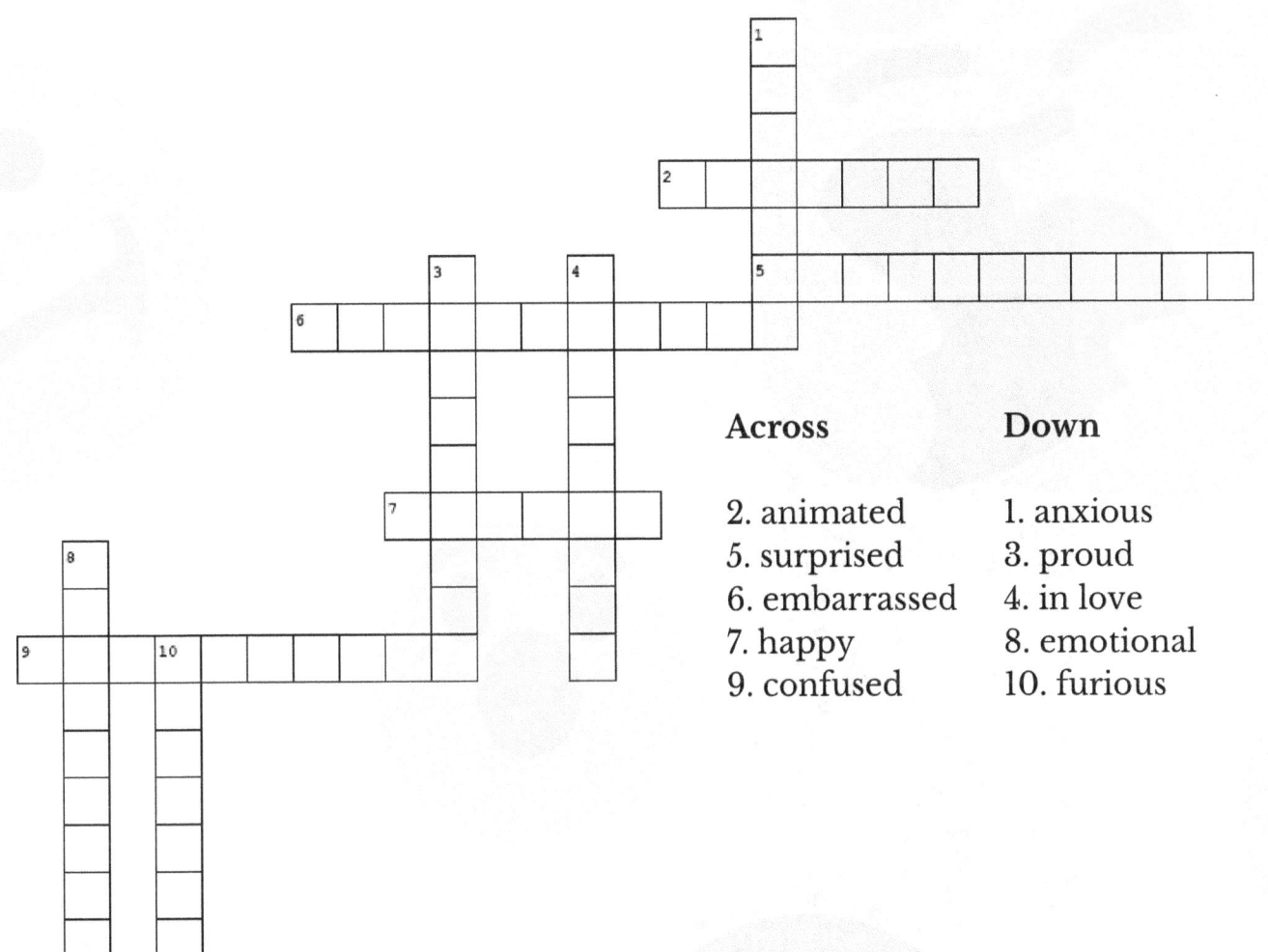

Across

2. animated
5. surprised
6. embarrassed
7. happy
9. confused

Down

1. anxious
3. proud
4. in love
8. emotional
10. furious

Bring emotions to life with these expressions!

- "*Estar en las nubes*" (To be in the clouds; to be daydreaming or lost in thought)
- "*Estar de mal humor*" (To be in a bad mood; to be grumpy or irritable)
- "*Tener mariposas en el estómago*" (To have butterflies in the stomach; to feel nervous or excited, often in anticipation of something)
- "*Ponerse como un tomate*" (To turn into a tomato; to become extremely embarrassed or blush)
- "*Tener el corazón partido*" (To have a broken heart; to feel heartbroken or emotionally devastated)
- "*Estar como pez en el agua*" (To be like a fish in the water; to feel completely at ease or in one's element)

DID YOU KNOW...

11.5

ENGLISH	SPANISH
happy	
sad	
angry	
frightened	
nervous	
content	
tired	
bored	
excited	
worried	
happy	
surprised	
confused	
embarrassed	
proud	
animated	
in love	
anxious	
emotional	
furious	

12 LOS LUGARES

PLACES

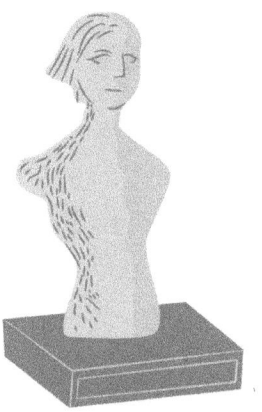

1. la casa - *house*
2. la escuela - *school*
3. el parque - *park*
4. la playa - *beach*
5. la montaña - *mountain*
6. el lago - *lake*
7. el río - *river*
8. la ciudad - *city*
9. el pueblo - *town*
10. el bosque - *forest*
11. la tienda - *store*
12. el restaurante - *restaurant*
13. la biblioteca - *library*
14. el teatro - *theater*
15. el hospital - *hospital*
16. el museo - *museum*
17. la iglesia - *church*
18. el aeropuerto - *airport*
19. el banco - *bank*
20. la clínica - *clinic*

CULTURAL GEMS

A *churrería* is a place where *churros*, a popular Spanish pastry, are made and sold. *Churros* are fried dough pastries that are often served with a cup of thick hot chocolate for dipping.

12.1

Spanish	English
la casa	*house*
la escuela	*school*
el parque	*park*
la playa	*beach*
la montaña	*mountain*
el lago	*lake*
el río	*river*
la ciudad	*city*
el pueblo	*town*
el bosque	*forest*

```
M P T V Q G E G G A D X J O I F W P K
Q C L Q M P A E A R D E N F O I F E V
Q M P M B U H Z L L U L I S J I S A Y
H G Q B D E L R Í O O D D V P R V F D
A A Y Y K B L A P K W A E P O S G G U
M E X A W I Y B G W D P A K M Y Y Y R
H Q L G E A Q H O U S E L I T L H C P
C D A A L L Q B I S J W I I J L U A Y
X W C P M D P C L X Q O P R M Y L M H
X L A P E O A A U L S U S P T E S M E
T L S Y Y L N A R P P P E O U G M O R
J T A H X V L T X Q S L D C D Q I U D
X G N W R S F A A F U E S S J M Z N N
Z B X J K Y G V G Ñ F E C W T M O T W
V X I R T P H A D O A P U S C O I A B
S X A I S C H O O L N H E M E A W I Y
K P C V A W J S J F T R K N X V K N A
I U X E L P U E B L O H W P S G W E K
Q A B R E M S N S F X V O D Z L F Y J
```

12.2

Spanish	English
la tienda	*store*
el restaurante	*restaurant*
la biblioteca	*library*
el teatro	*theater*
el hospital	*hospital*
el museo	*museum*
la iglesia	*church*
el aeropuerto	*airport*
el banco	*bank*
la clínica	*clinic*

```
W E L M U S E O I T S B G L G N X R I
T R A P I X Y G I G C B F Y T V B N B
W L B O M P Y F S I X C V R B U Q O J
P D I K M U D R O E L H O S P I T A L
O A B U F U S G O T C P F E Y R E Q A
M C L T E V L E W R R A Z W E L H M C
L S I R L P U L U I P R K U K H X N L
V S O L I M U H A M E E P K W Q C Q Í
A T T X B N C K O T A O N G R O E R N
S P E L R E S T A U R A N T E M L T I
I N C Y A Y T E P E B N A T J O B O C
X C A A R K H F A V Z I U E W L A L A
V C K X Y T O L R E S T A U R A N T D
T T F Y I Z E L T E A T R O C T C Y V
F H O S P I T A L D B O W Q I I O Y M
L Z W L S R V G H X X S V O W E A K A
P I Q P D Y I L J Q W T P Z U N M D Y
L O H H A A O D A C E F A Q G D A E W
B Z I C L I N I C X I B K C C A U B S
```

12.3

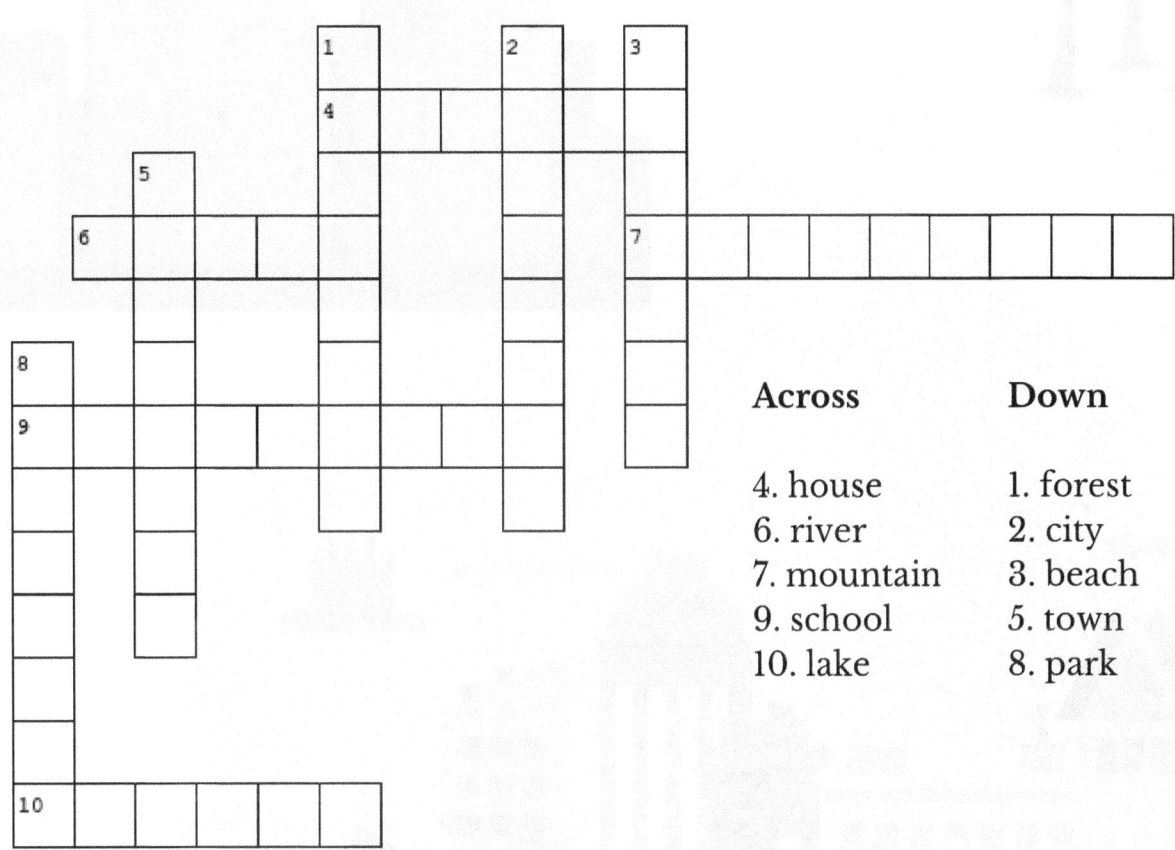

Across

4. house
6. river
7. mountain
9. school
10. lake

Down

1. forest
2. city
3. beach
5. town
8. park

CULTURAL GEMS

In many Spanish-speaking countries, a *bodega* is a small grocery store or convenience store where people can buy everyday items like food, drinks, and household goods.

A *cantina* refers to a bar or tavern where people gather to socialize, enjoy drinks, and sometimes even listen to live music or dance.

A *parador* is a unique type of accommodation found in Spain. These are often historic buildings such as castles, monasteries, or palaces that have been converted into hotels. *Paradores* offer visitors a chance to experience Spanish history and culture while enjoying comfortable accommodations.

12.4

HOW MANY DO YOU KNOW?
- SPANISH-SPEAKING WORLD -

Argentina
Bolivia
Chile
Colombia
Costa Rica
Cuba
Dominican Republic
Ecuador
El Salvador
Equatorial Guinea
Guatemala
Honduras
Mexico

Nicaragua
Panama
Paraguay
Peru
Puerto Rico
Spain
Uruguay
Venezuela

Across

4. store
6. theater
9. hospital
10. church

Down

1. restaurant
2. clinic
3. airport
5. museum
7. library
8. bank

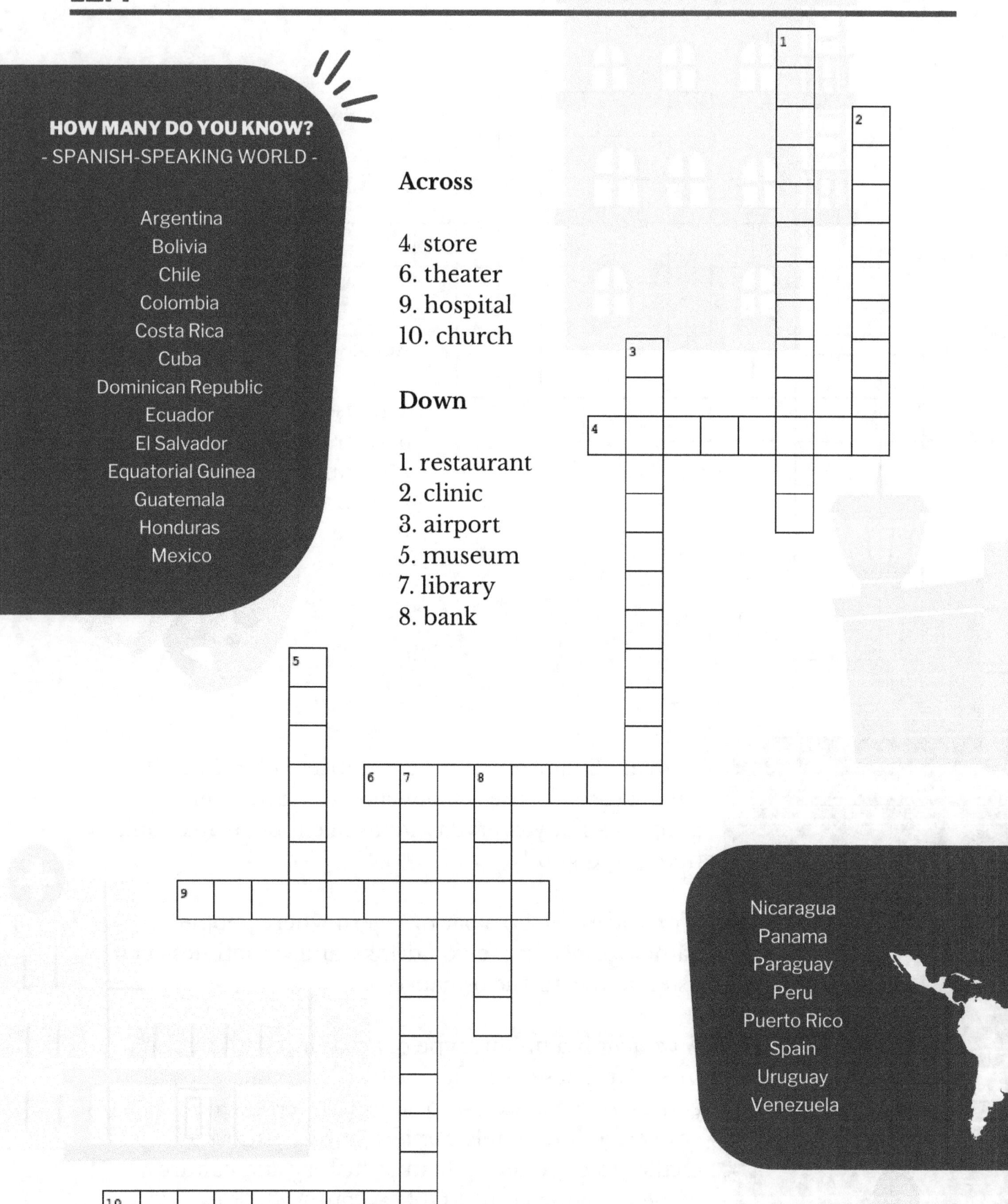

12.5

ENGLISH	SPANISH
house	
school	
park	
beach	
mountain	
lake	
river	
city	
town	
forest	
store	
restaurant	
library	
theater	
hospital	
museum	
church	
airport	
bank	
clinic	

13 LA SALA

LIVING ROOM

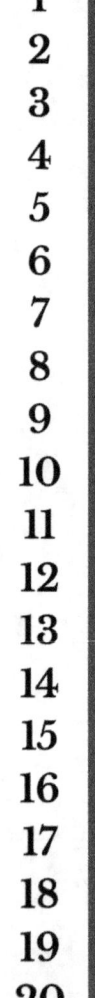

1. la sala - *living room*
2. el sofá - *sofa*
3. la silla - *chair*
4. la mesa - *table*
5. la lámpara - *lamp*
6. la cortina - *curtain*
7. el reloj - *clock*
8. el mueble - *furniture*
9. la planta - *plant*
10. el florero - *vase*
11. la televisión - *television*
12. el cojín - *cushion*
13. la alfombra - *carpet*
14. el sillón - *armchair*
15. el cuadro - *painting*
16. la chimenea - *fireplace*
17. el estante - *bookshelf*
18. la maceta - *flower pot*
19. el teléfono - *telephone*
20. el tapete - *rug*

DID YOU KNOW...

Beyond the Basics: Other Ways to Say Living Room

el salón
la sala de estar
la estancia (esp. in Argentina, Uruguay, and Paraguay)

13.1

Spanish	English
la sala	living room
el sofá	sofa
la silla	chair
la mesa	table
la lámpara	lamp
la cortina	curtain
el reloj	clock
el mueble	furniture
la planta	plant
el florero	vase

```
D E A L L W T X U X C N M Z F V Q Y P
L A P L A N T A X C N C G C U L B Y Q
P V L P L S U V B P X C H V R S Q K G
U Y I O Á H A U C L H D U A N V D M I
R C V N M K H L P A E W N R I U C F J
H B I E P C H P A N R I G E T R G S U
Z N N F A L Z D X T T D N C U A M X S
I M G N R D T Q D R P E P H R G I P Z
A N R D A A W H O C L L Z I E N X N B
E X O F S Q E C C B V F E O H K Z C D
D L O E P V A S E O E L K G Z V Z C K
Z S M Q U L K U L L Y O K U P M Y W Z
Z A N T C C M R S I R R P B L A S W M
L A S I L L A K O D D E Q C I X N U C
F A J E E O I A F E N R L R E O P P R
R D M I N C K B Á Z Z O Y O Y X O G R
Y K Q P Z K L E K O T M Z P J W X I N
I W U L M N T V N M V D H L G U T N O
H O P E L H D K V N U E B Q K Q A T V
```

13.2

Spanish	English
la televisión	television
el cojín	cushion
la alfombra	carpet
el sillón	armchair
el cuadro	painting
la chimenea	fireplace
el estante	bookshelf
la maceta	flower pot
el teléfono	telephone
el tapete	rug

```
F Y P A B Q W S X H K U F B H H K X Z
L C S N O J C K P Y Z D Y P Z D M G D
Y L A T E L E V I S I Ó N C Y M M L K
C Z N E W E L T E L É F O N O F T M Y
P F V L J L N K B Q Y G H U L X E E L
E E L E S T A N T E F Y V E A H L Z W
M P F V C A E H D X S L H B O T E U Q
P B F I M P Z W Q S O S G Y X U P L O
B M R S Q E I I T T K H N I X J H A V
I O I I W T Q S E O K Ó P I T A O C V
U F L O W E R P O T L Z A V R R N H X
R V F N L J R B J L J R Z B D J E I X
K L W I T A I U I C E N M A C J S M Q
F N F F C I M S G R W O U Q I N W E Q
M F I R E P L A C E F C U S H I O N R
A L Z W J E M S C L L H Y S A Z M E R
U M T N Y E A W A E L C O J Í N D A D
J I M H C Y P A I N T I N G A S G R C
S O F A F Y L Y O M F A R M C H A I R
```

13.3

Across

2. curtain
5. chair
7. plant
8. table
9. vase

Down

1. clock
3. sofa
4. lamp
6. furniture
8. living room

CULTURAL GEMS

In some Spanish-speaking countries, such as Spain and parts of Latin America, the living room may also be used for an afternoon *siesta*, a short nap taken after lunch. It's a cultural tradition to have a designated space in the living room for resting and rejuvenating during the day.

13.4

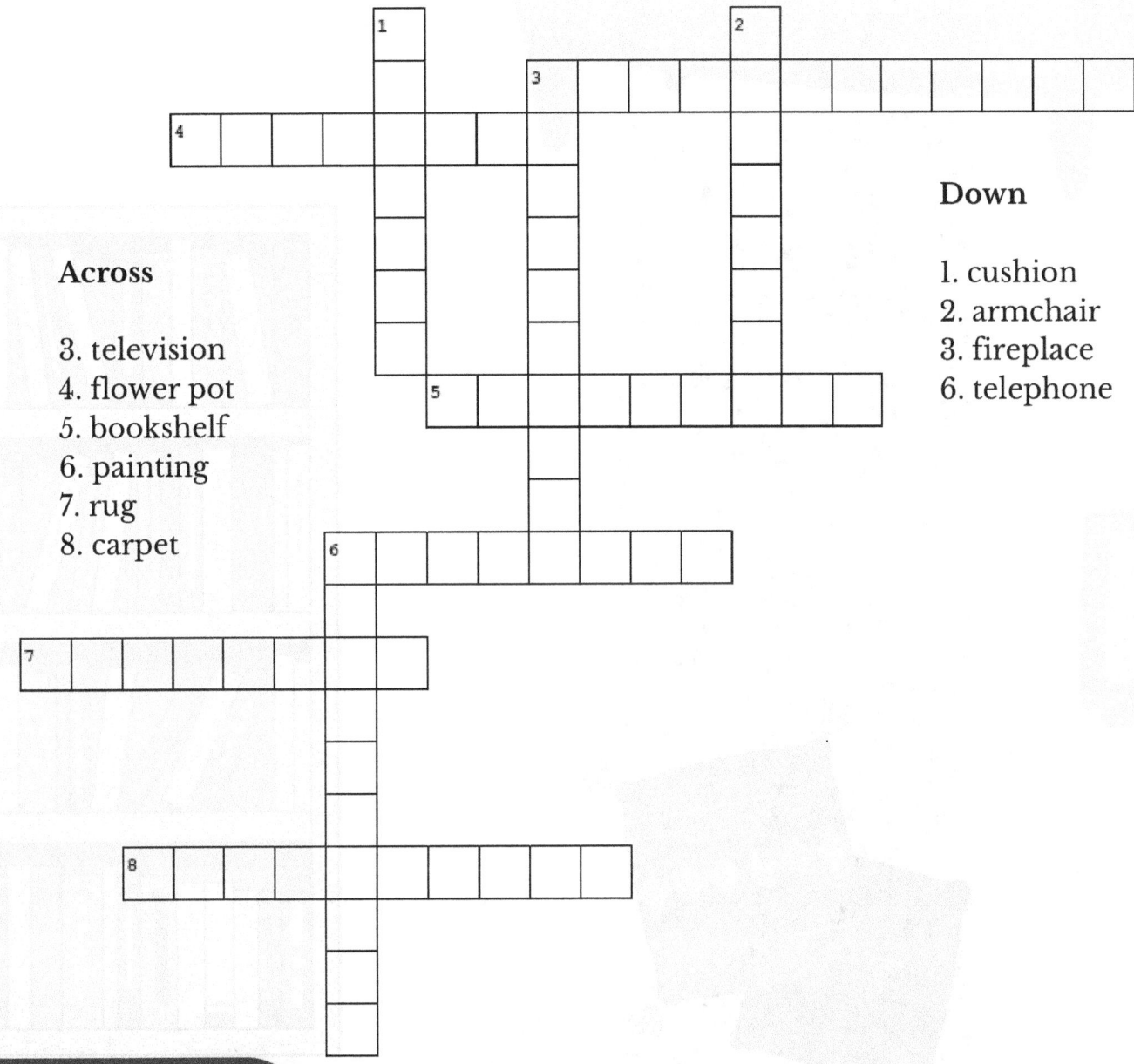

Across

3. television
4. flower pot
5. bookshelf
6. painting
7. rug
8. carpet

Down

1. cushion
2. armchair
3. fireplace
6. telephone

Power of Prepositions:

- El sofá está *en* la sala. (The sofa is *in* the living room.)
- La lámpara está *sobre* la mesa. (The lamp is *on* the table.)
- La mesa está *entre* los dos sofás. (The table is *between* the two sofas.)
- El sofá está *junto a* la ventana. (The sofa is *next to* the window.)

GRAMMAR EXPRESS

13.5

ENGLISH	SPANISH
living room	
sofa	
chair	
table	
lamp	
curtain	
clock	
furniture	
plant	
vase	
television	
cushion	
carpet	
armchair	
painting	
fireplace	
bookshelf	
flower pot	
telephone	
rug	

14 EL DORMITORIO

BEDROOM

1	la cama - *bed*
2	la almohada - *pillow*
3	el armario - *wardrobe*
4	la lámpara - *lamp*
5	el despertador - *alarm clock*
6	las cortinas - *curtains*
7	la manta - *blanket*
8	el espejo - *mirror*
9	la cajonera - *dresser*
10	la plancha - *iron*
11	el edredón - *comforter*
12	el colchón - *mattress*
13	la cómoda - *chest of drawers*
14	la percha - *hanger*
15	el escritorio - *desk*
16	la silla - *chair*
17	la moqueta - *carpet*
18	el ventilador - *fan*
19	la ventana - *window*
20	la puerta - *door*

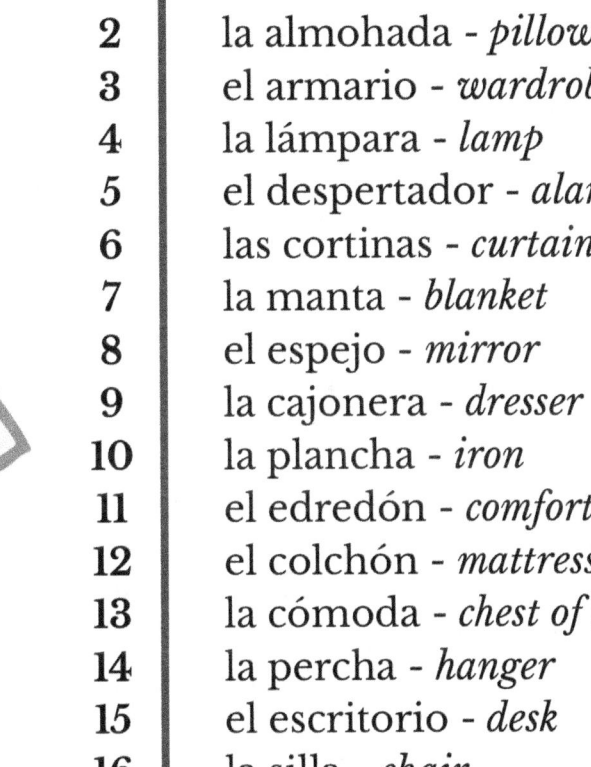

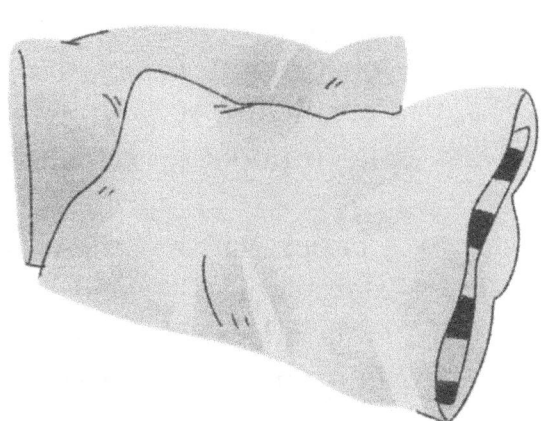

GRAMMAR EXPRESS

Tiny Treasures: Spanish Diminutives in Action

In some cases, you may want to use diminutives to convey a smaller or cuter version of an object. For example, "*el espejito*" (the little mirror) or "*la lamparita*" (the little lamp).

14.1

Spanish	English
la cama	*bed*
la almohada	*pillow*
el armario	*wardrobe*
la lámpara	*lamp*
el despertador	*alarm clock*
las cortinas	*curtains*
la manta	*blanket*
el espejo	*mirror*
la cajonera	*dresser*
la plancha	*iron*

```
R J G L A L Á M P A R A I V Q T J A N
O D I A A L A P L A N C H A L G S A E
M U W S M C A I W N A L D U A O E Q K
L X N C D M A M N D D W A X J D L R Y
Y S L O F H A J A J X Z B E C F D A J
V K M R Z I K H O N C D P F V H E T F
W I M T X S O V K N T S Y U A X S M A
A E G I M M L W K Y E A M E I M P N L
Y U L N L G V V N L P R Y N U M E P A
N D J A K P K B E D A K A M I R R O R
P M A S R H D E L Q R J K J R H T B M
O L A M P M B C W A Y Z X O O O A D C
H A K Z Z O A U G U N W X Y N T D A L
N C W T R H B R Y M O K N C F D O D O
F A O D G T Y T I L D R E S S E R T C
O M R E L V B A L O H T A T P M B J K
S A T Q J V L I H H U A N K L I Z D F
W L T M V E P N J O O S U M N B J Z L
T N K N V S U S M R Y O R B K S H P V
```

14.2

Spanish	English
el edredón	*comforter*
el colchón	*mattress*
la cómoda	*chest of drawers*
la percha	*hanger*
el escritorio	*desk*
la silla	*chair*
la moqueta	*carpet*
el ventilador	*fan*
la ventana	*window*
la puerta	*door*

```
M X Y A F T H K B S E K G D T Q Z H M
S S C U X M O H D P X N R P F Y W Q C
D K H Q P I Q I I L N T Q L F N Y H A
E L E S C R I T O R I O S Z M L Y P R
N N S E A O L A P U E R T A E I G D O
V X T L L H A N G E R L M V L D J D P
D D O V T C M W K Y L I A E A R Y X E
Q P F E R L O B X V D D T P V D I T H
E M D N N D Q L X J O P T D E S K D E
Q O R T N J U J C M O I R E N R E T B
E V A I X F E K Ó H R B E M T Y C D L
T F W L O A T C R G Ó J S V A P X H L
N Y E A P F A I N U G N S Q N H G J A
H W R D E L A S I L L A C T A Y N V B
T L S O A H Z N F E J Y A C O C Z N P
H H O R C O M F O R T E R G F K L D L
F R U E X B V B T O U V P M K N T L E
W E C E G V R P W E E L E D R E D Ó N
S H L Q P Z V H K Z M W T H M I L T T
```

14.3

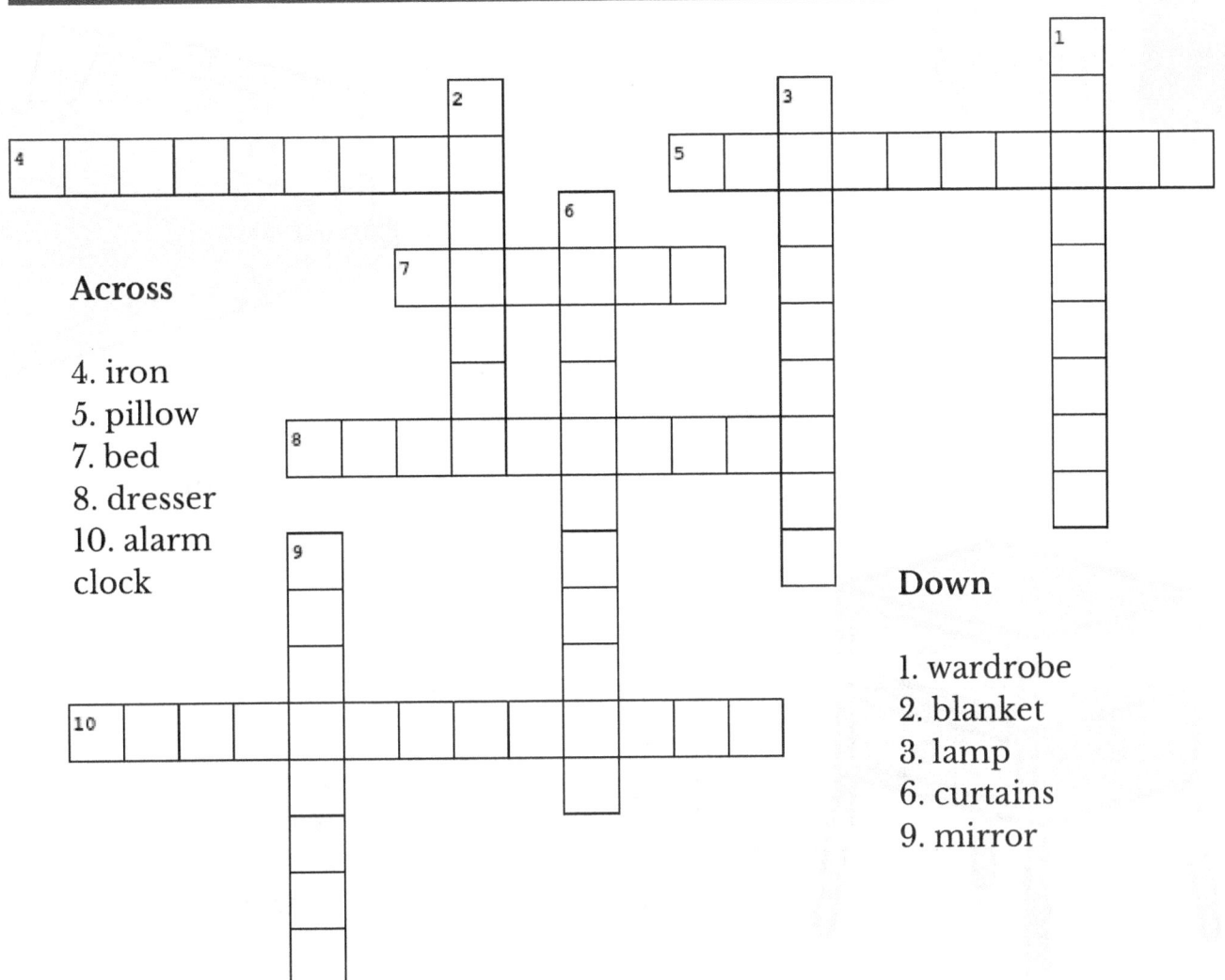

Across

4. iron
5. pillow
7. bed
8. dresser
10. alarm clock

Down

1. wardrobe
2. blanket
3. lamp
6. curtains
9. mirror

Adjectives that Transform

Bonito/a - pretty
Example: "*Un dormitorio bonito*" (A pretty bedroom)

Pequeño/a - small
Example: "*Una habitación pequeña*" (A small room)

Ordenado/a - tidy
Example: "*Un cuarto ordenado*" (A tidy room)

Moderno/a - modern
Example: "*Un dormitorio moderno*" (A modern bedroom)

DID YOU KNOW...

14.4

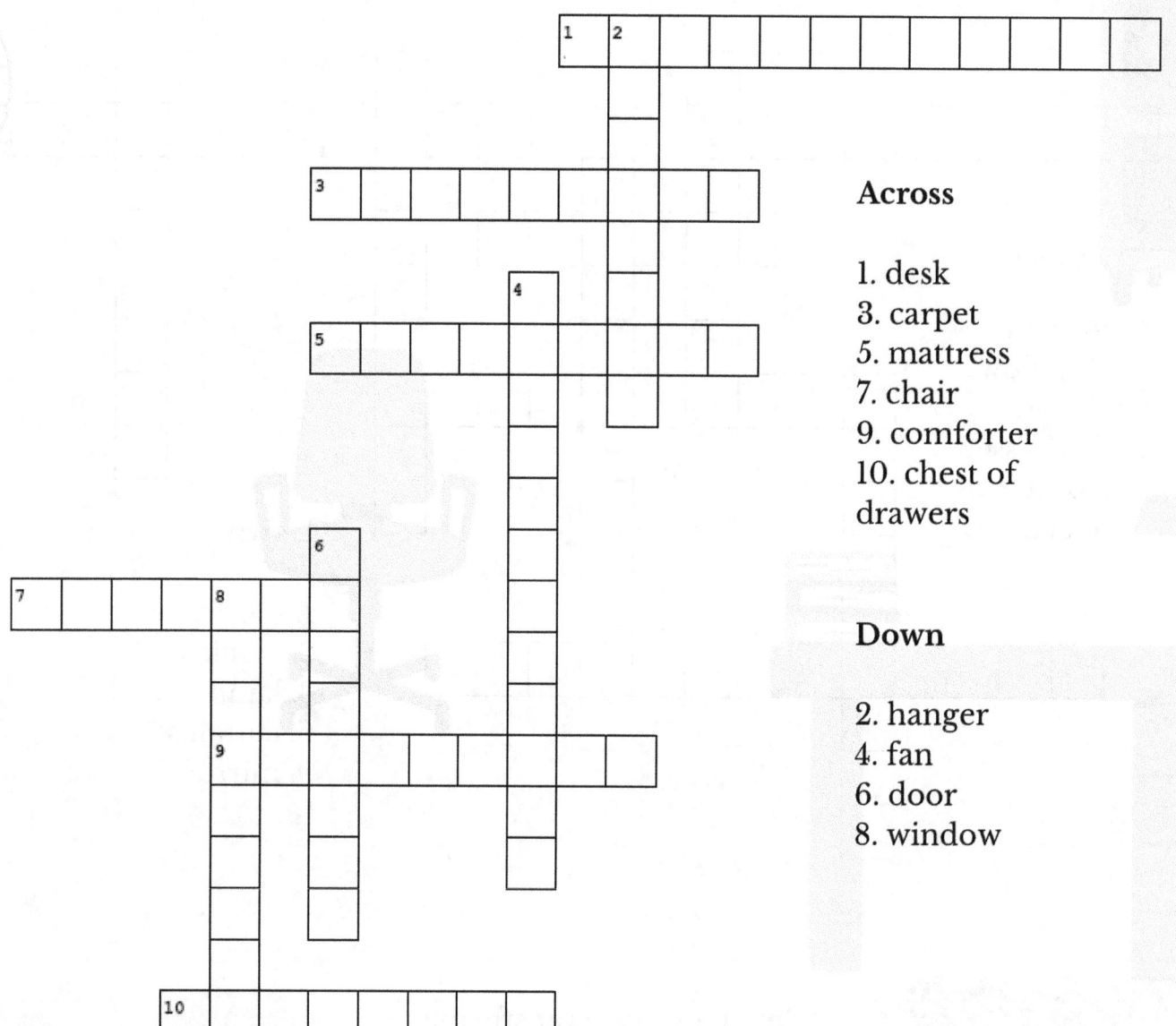

Across

1. desk
3. carpet
5. mattress
7. chair
9. comforter
10. chest of drawers

Down

2. hanger
4. fan
6. door
8. window

GRAMMAR EXPRESS

Doubling the Fun: Singular to Plural in Spanish

In Spanish, nouns are modified to reflect their singular or plural form. To change a singular noun to its plural form, certain adjustments are made. For instance, by adding "-s" or "-es" to the end of the word.

- *la cama -> las camas*
- *la almohada -> las almohadas*
- *el armario -> los armarios*
- *el despertador -> los despertadores*

14.5

ENGLISH	SPANISH
bed	
pillow	
wardrobe	
lamp	
alarm clock	
curtains	
blanket	
mirror	
dresser	
iron	
comforter	
mattress	
chest of drawers	
hanger	
desk	
chair	
carpet	
fan	
window	
door	

15 EL BAÑO

BATHROOM

1	el jabón - *soap*
2	la toalla - *towel*
3	el cepillo de dientes - *toothbrush*
4	la pasta de dientes - *toothpaste*
5	el peine - *comb*
6	el champú - *shampoo*
7	el acondicionador - *conditioner*
8	el espejo - *mirror*
9	la cortina de ducha - *shower curtain*
10	la bañera - *bathtub*
11	la ducha - *shower*
12	el desodorante - *deodorant*
13	el secador de pelo - *hair dryer*
14	la toalla de mano - *hand towel*
15	el papel higiénico - *toilet paper*
16	la báscula - *scale*
17	el ambientador - *air freshener*
18	el lavabo - *sink*
19	el albornoz - *bathrobe*
20	el toallero - *towel rack*

GRAMMAR EXPRESS

Some actions related to personal hygiene are expressed using reflexive verbs in Spanish. For example, "*lavarse*" (to wash oneself), "*peinarse*" (to comb one's hair), or "*secarse*" (to dry oneself).

15.1

Spanish	English
el jabón	*soap*
la toalla	*towel*
el cepillo de dientes	*toothbrush*
la pasta de dientes	*toothpaste*
el peine	*comb*
el champú	*shampoo*
el acondicionador	*conditioner*
el espejo	*mirror*
la cortina de ducha	*shower curtain*
la bañera	*bathtub*

```
U K A S M W W Y G U Z I W H K B V N D
K S C R L F Q N V I C X K L R W T M E
O E L A C O N D I C I O N A D O R D L
V L G K H K V C F A F L B P R I L W C
F J Z R S S P O E E L C H A M P Ú N E
W A J A H H B M Q L E W P S R Z N Y P
N B R C O L A B A Ñ E R A T R W A K I
R Ó V O W A T M F E K S C A T Q U M L
N N M N E T H X P C T Y P D Q Z W E L
J R G D R O T Z Q O J G X E D T W E O
Q T Z I C A U E P Z O W K D J O I L D
H G A T U L B K K B F C L I T O E O E
B S Z I R L Q T L W O V E E E T Q L D
M D T O T A O H E L P E I N E H H C I
W I O N A I N P D Q W P P T P B E D E
M Y R E I P O A Z N V A O E A R W N N
G D Q R N O G Q M X O U I S H U A S T
F K T O O T H P A S T E N C O S H Z E
R L A C O R T I N A D E D U C H A A S
```

15.2

Spanish	English
la ducha	*shower*
el desodorante	*deodorant*
el secador de pelo	*hair dryer*
la toalla de mano	*hand towel*
el papel higiénico	*toilet paper*
la báscula	*scale*
el ambientador	*air freshener*
el lavabo	*sink*
el albornoz	*bathrobe*
el toallero	*towel rack*

```
G B U Y G E L D E S O D O R A N T E O
C Q I V Q U N S W R J R R Z N T Y L W
W E J N J F V R E H E N Z O N O E P W
K Y L K J W S L A P Q Y C A C P G A I
I Z R A W Q L H A I R D R Y E R L P P
V A E P M A X P O W N O L D T U L E K
J U L W O B T C F W D Q R I C X L L Z
I C A T M E I I Y O E O U S H A L H H
A X L V L Z K E E X D R Á J C E S I O
H E B I M C W D N A B B X S W D O G F
P H O F E D R R C T A A T O X I M I I
S T R R D P G E L L A V T P L Y W É M
J R N J V S I N K A D C H K Y Y N C
I T O W E L R A C K N D O M R B C I W
F E Z G E L L A V A B O U R N O P C W
J A I R F R E S H E N E R C W P B O J
M Q M I Y U R K S U M I V X H U X E N
K P J Q L A T O A L L A D E M A N O N
D O Q L E L H Q A V T M I M X Q Z I R
```

15.3

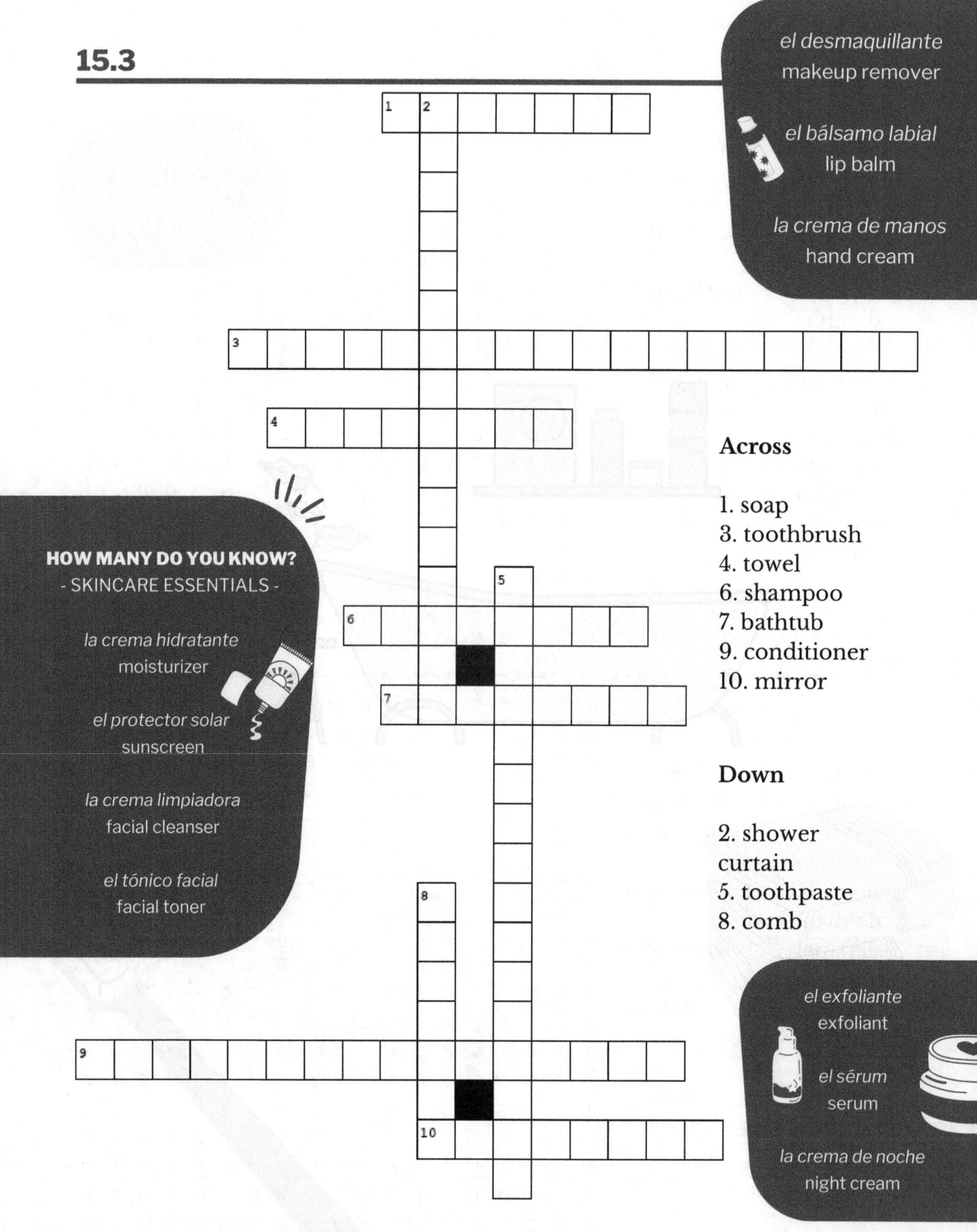

Across

1. soap
3. toothbrush
4. towel
6. shampoo
7. bathtub
9. conditioner
10. mirror

Down

2. shower curtain
5. toothpaste
8. comb

HOW MANY DO YOU KNOW?
- SKINCARE ESSENTIALS -

la crema hidratante
moisturizer

el protector solar
sunscreen

la crema limpiadora
facial cleanser

el tónico facial
facial toner

el desmaquillante
makeup remover

el bálsamo labial
lip balm

la crema de manos
hand cream

el exfoliante
exfoliant

el sérum
serum

la crema de noche
night cream

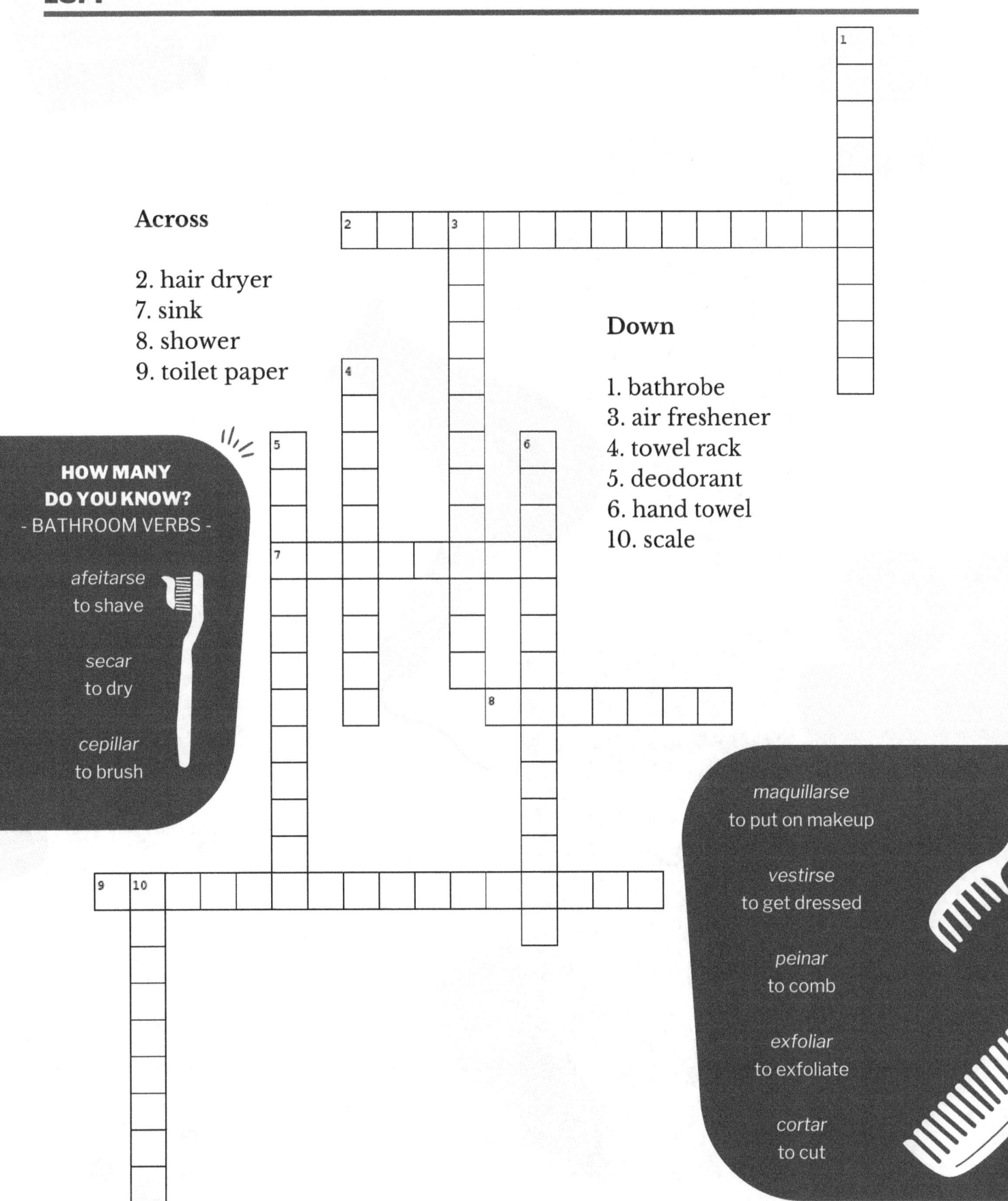

15.5

ENGLISH	SPANISH
soap	
towel	
toothbrush	
toothpaste	
comb	
shampoo	
conditioner	
mirror	
shower curtain	
bathtub	
shower	
deodorant	
hair dryer	
hand towel	
toilet paper	
scale	
air freshener	
sink	
bathrobe	
towel rack	

16 LA COCINA

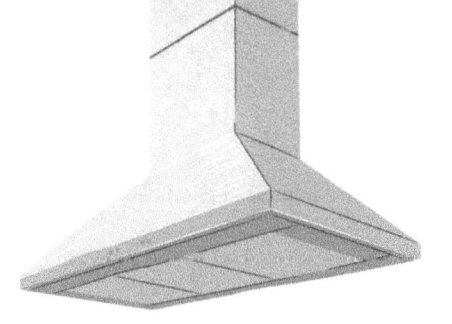

KITCHEN

1	la nevera - *fridge*
2	el congelador - *freezer*
3	el horno - *oven*
4	el microondas - *microwave*
5	el tostador - *toaster*
6	la cafetera - *coffee maker*
7	la licuadora - *blender*
8	la tetera - *kettle*
9	las ollas - *pots*
10	las sartenes - *pans*
11	el cuchillo - *knife*
12	el tenedor - *fork*
13	la cuchara - *spoon*
14	el plato - *plate*
15	el tazón - *bowl*
16	el vaso - *glass*
17	la copa - *wine glass*
18	la espátula - *spatula*
19	el pelador - *peeler*
20	el delantal - *apron*

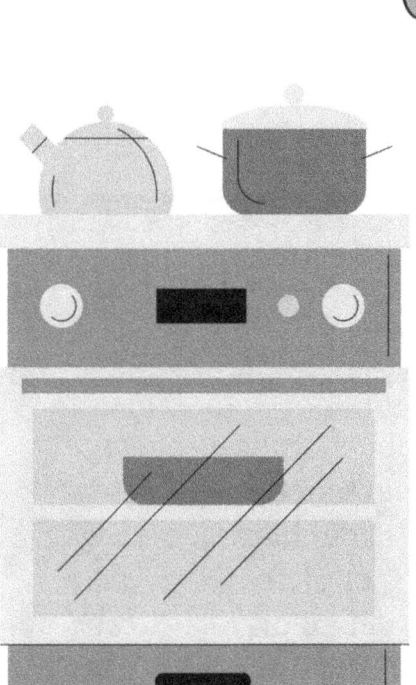

CULTURAL GEMS

A *paellera* is a special pan used for cooking *paella*, a traditional Spanish rice dish. It is a wide, shallow pan with two handles and a flat bottom. The design of the *paellera* allows for even heat distribution, which is essential for achieving the desired texture and flavors of *paella*!

16.1

Spanish	English
la nevera	fridge
el congelador	freezer
el horno	oven
el microondas	microwave
el tostador	toaster
la cafetera	coffee maker
la licuadora	blender
la tetera	kettle
las ollas	pots
las sartenes	pans

```
K A G P B M P Q C Y Y L N N G E A W S
Z E L F L S J S P O T S K H R W W B W
W L T G E O A V V J F Q X V W F T I S
O A R T O L P P S D R F R I W F U U S
T X B O L C H C Q E I B E J I N K O M
P B O O C E V E M H D E G E T C M F Y
Q O S W F B R Z E S G L E L M L F K M
K A M M F E G E N S E M C C V A G D F
L A T E T E R A R W P I K O U L K H J
E L P S L M P L G K U C M N I I J E P
I K A W D H I P L S A R C G A C O J R
K O J C S N O C I E I O M E P U J X W
T F V X A Z G R R C L O U L V A J N N
V H B E C F K X N O J N R A H D U V F
B B L E N D E R N O W D X D L O I Z W
A Y N Z Y E L T O S T A D O R R R M L
Y R G L A N E V E R A S V R S A A X W
W G H C X P F S F R E E Z E R P C K S
Y S E Z M V L A S S A R T E N E S M M
```

16.2

Spanish	English
el cuchillo	knife
el tenedor	fork
la cuchara	spoon
el plato	plate
el tazón	bowl
el vaso	glass
la copa	wine glass
la espátula	spatula
el pelador	peeler
el delantal	apron

```
E A M L Q W Q H R Q H V F K F Q J H T
T Q A M Y S P O O N J Z H Q H R Q H C
C Z Z C F O Z T T M U G U W S W U Q I
E D R L S R A E N N B Q O A Z Z Z A T
C K G A N L E H A G V U R C R D N Z L
Y N V N P Q R L F V L O D I E M U G A
V L W L Z U J K V O Z V L Q E V J L C
E V E L P E L A D O R A L J N A U B O
A L L L B L M J B Q T K P P U T Y A P
Y V T U C O A N W N G S J R Á D O D A
N R A E Z U W M A P L P D P O U V D L
U U Z K N J C L M X D U S P W N Z X U
K V Ó N W E E H S Z F E R E W M X X U
J O N I B D D S I P A E F U G D R J G
S N T F L V A O F L A C U C H A R A J
Y G P E E L E R R O L T U F C U O Q Y
C R H Y G W X O D I C O U Q K C T T D
A O D L L W Y N N Q J A P L A T E E M
G P P W D M K L W I N E G L A S S J V
```

16.3

Across

2. oven
4. pots
5. blender
6. fridge
9. coffee maker

Down

1. freezer
3. toaster
5. kettle
7. microwave
8. pans

HOW MANY DO YOU KNOW?
- KITCHEN VERBS -

cocinar - to cook
hornear - to bake
freír - to fry
asar - to roast
picar - to chop
mezclar - to mix
hervir - to boil
servir - to serve
probar - to taste
limpiar - to clean
cortar - to cut
pelar - to peel
organizar - to organize
sazonar - to season
gratinar - to broil
marinar - to marinate

derretir - to melt
escalfar - to poach
enfriar - to cool
deshuesar - to debone
descorazonar - to core
batir - to beat (e.g. eggs)
colar - to strain
decorar - to decorate
amasar - to knead

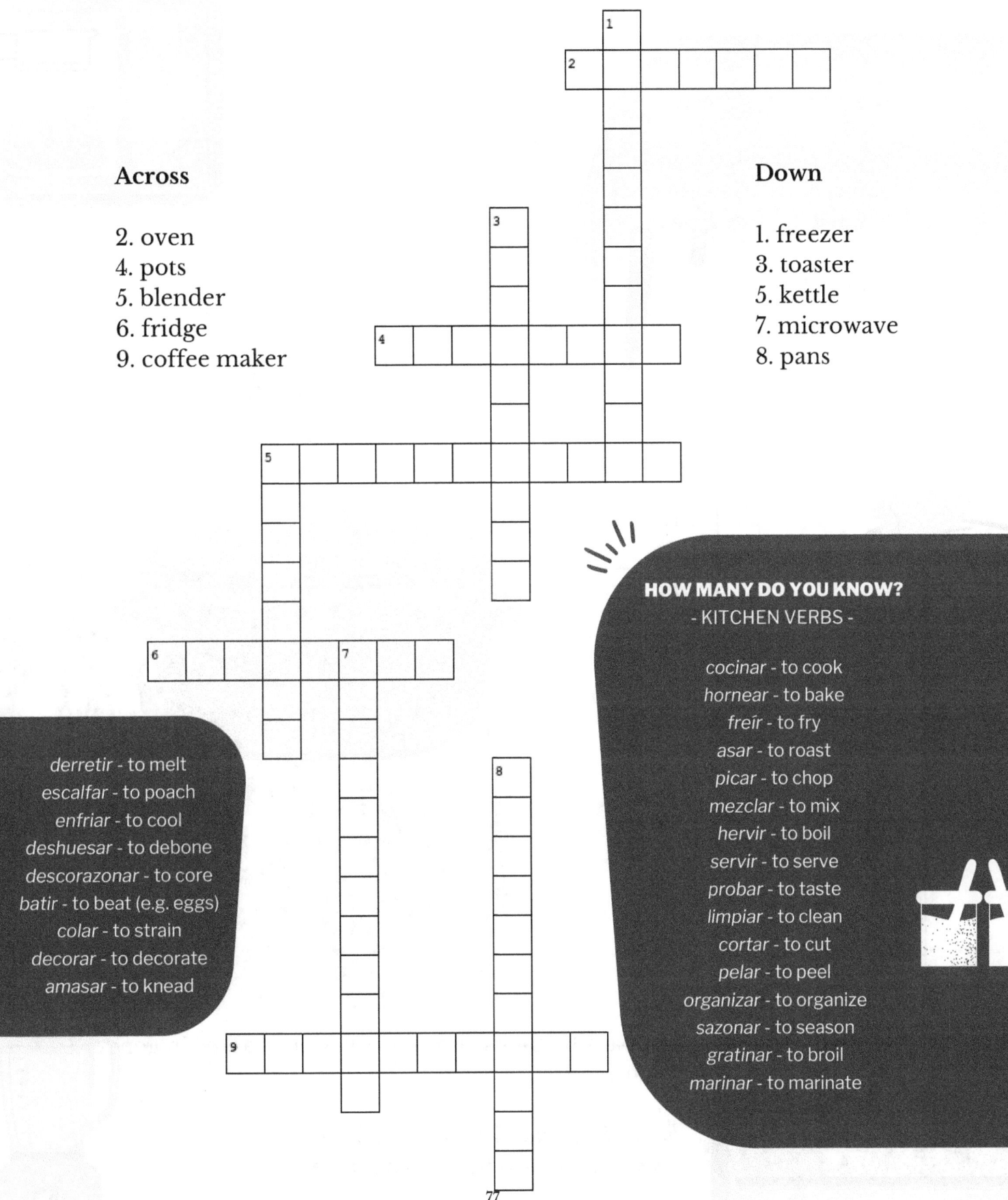

77

16.4

Across
2. fork
5. spatula
6. bowl
8. spoon
9. peeler

Down
1. apron
3. wine glass
4. glass
7. plate
9. knife

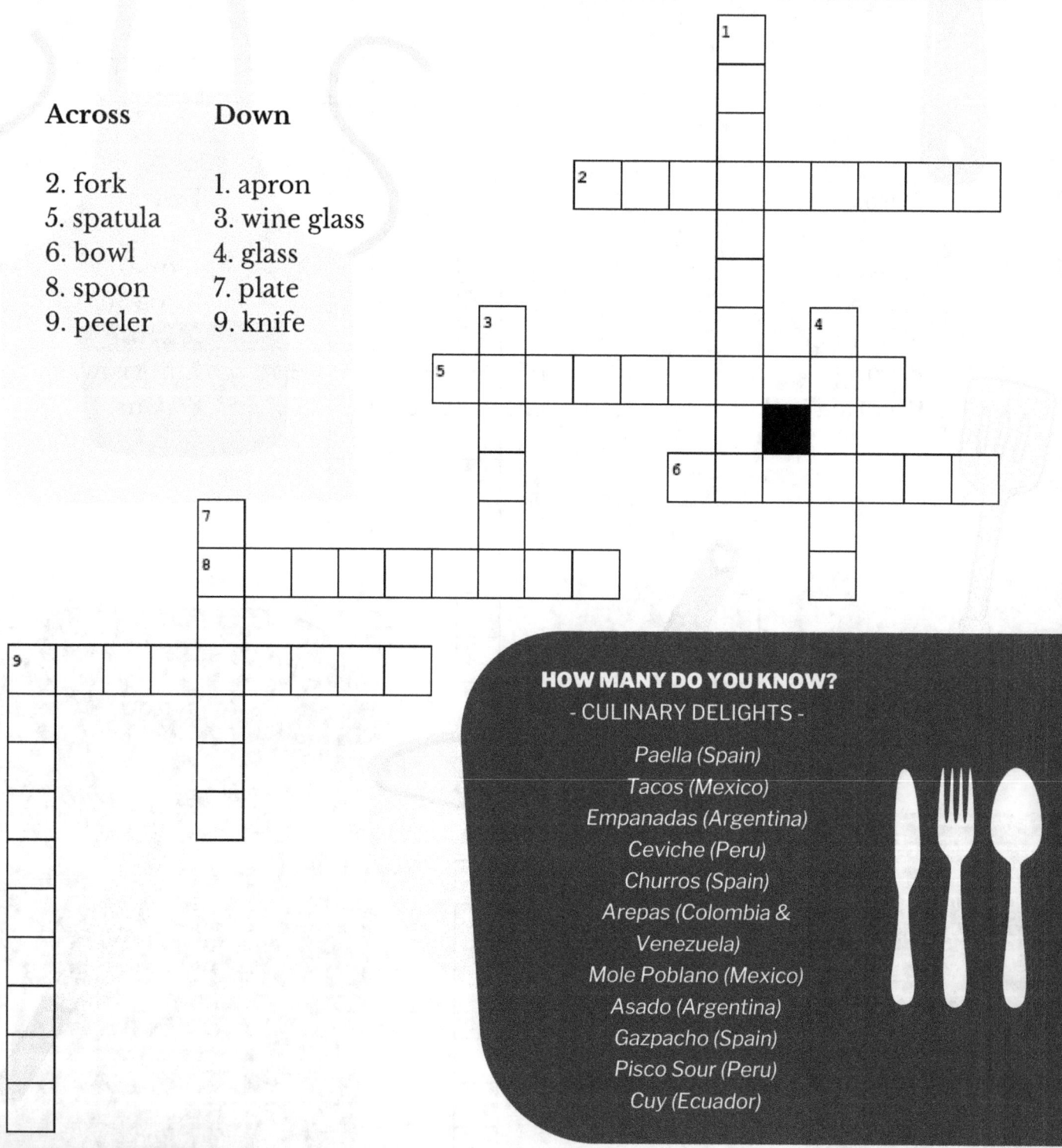

HOW MANY DO YOU KNOW?
- CULINARY DELIGHTS -

Paella (Spain)
Tacos (Mexico)
Empanadas (Argentina)
Ceviche (Peru)
Churros (Spain)
Arepas (Colombia & Venezuela)
Mole Poblano (Mexico)
Asado (Argentina)
Gazpacho (Spain)
Pisco Sour (Peru)
Cuy (Ecuador)

GRAMMAR EXPRESS

In Spanish, nouns and adjectives must agree in gender and number.

la cocina limpia (the clean kitchen)
las cocinas limpias (the clean kitchens)

16.5

ENGLISH	SPANISH
fridge	
freezer	
oven	
microwave	
toaster	
coffee maker	
blender	
kettle	
pots	
pans	
knife	
fork	
spoon	
plate	
bowl	
glass	
wine glass	
spatula	
peeler	
apron	

17 EL AULA

CLASSROOM

1. el lápiz - *pencil*
2. la pluma - *pen*
3. el papel - *paper*
4. la goma - *eraser*
5. la tijera - *scissors*
6. la regla - *ruler*
7. el libro - *book*
8. el cuaderno - *notebook*
9. la mochila - *backpack*
10. el pizarrón - *chalkboard*
11. la silla - *chair*
12. la mesa - *table*
13. el escritorio - *desk*
14. la computadora - *computer*
15. la ventana - *window*
16. la puerta - *door*
17. el reloj - *clock*
18. la luz - *light*
19. la calculadora - *calculator*
20. el bolígrafo - *pen*

DID YOU KNOW...

The word "*reloj*" can refer to both a wall clock and a wristwatch. It is important to use context to determine the specific meaning!

17.1

el lápiz	|	*pencil*
la pluma	|	*pen*
el papel	|	*paper*
la goma	|	*eraser*
la tijera	|	*scissors*
la regla	|	*ruler*
el libro	|	*book*
el cuaderno	|	*notebook*
la mochila	|	*backpack*
el pizarrón	|	*chalkboard*

```
E X T I M E U X X I E G K P R V Y B I
O H N Y T R X H U N Q B O O K B O X F
P S C W D B T R U L E R F C P K Y D Z
I D Z E J C H A L K B O A R D S K C Q
Z Z Q P X Z K H G I P P E N C I L J F
A Y T B Y G U B L Y K N L U N X A Y Q
L A M O C H I L A C P A P E R N R M R
W M C Y T C E G A N E E I T V E E I D
J U U H E G C B L L N P Z B S S G L F
C R Y J W U L A P L U M A A P S L W C
B F Q V K C S C I S S O R S N B A F P
K L T D E E L C U A D E R N O Q L H K
G L X B G L I X D W G L Ó K T Z O O Q
Y S G Z P A L H A I O P N V E C B T J
O H X O K G I Á H Z B A U W B T S O W
R G B V U O U L P K M P S D O G C I F
E H D T H M L A T I J E R A O Z M K E
G J Z Q L A C V P L Z L M X K O B F Y
P D W K V G C E Q V Q P Q Y H W E W X
```

17.2

la silla	|	*chair*
la mesa	|	*table*
el escritorio	|	*desk*
la computadora	|	*computer*
la ventana	|	*window*
la puerta	|	*door*
el reloj	|	*clock*
la luz	|	*light*
la calculadora	|	*calculator*
el bolígrafo	|	*pen*

```
M I R U E J V J G O R Q E G Q O H W U
S T B U Y F L A C O M P U T A D O R A
X B N U E P M D C G N A C Q D O O R G
X N L A V E N T A N A Y O O L T J I K
G R N H R X X E X L L O M S A A P G H
I P B Y E M C Z L A D N P L C B L Q Q
W F U M K Q U I R M J Z U N A L N U R
P Y E U Z I S C B E Z C T Q L E F J Z
N K D X E A S P H S L K E T C A G A Z
C Z D C L U O X E A I B R O U G P K O
X E D F I P Q L C N I G Z L L Z S A M
X N R P G T M A L O J R Y B A E V U F
G K S X H H Y P D O N W I N D O W J G
N G N K T Q U U L Z R C Z D O P X B G
S I B V B P V E L B O L Í G R A F O I
H A J F O C R R E A W O Z O A G E J F
B V T Z K L W T S Q J C J M E Z X I L
T K E Y E N B A K G W K N Z G P J U B
I C Z A I E L E S C R I T O R I O Q K
```

17.3

Across

3. scissors
4. chalkboard
6. pencil
8. pen
10. eraser

Down

1. paper
2. backpack
5. notebook
7. book
9. ruler

Classroom Talk: Phrases for Everyday Conversations

- *No entiendo.* - I don't understand.
- *¿Puedo prestar un lápiz?* - Can I borrow a pencil?
- *¿Puedo ir al baño?* - Can I go to the bathroom?
- *¿Cómo se dice... en español?* - How do you say... in Spanish?
- *¿Cuál es la tarea?* - What is the homework?

DID YOU KNOW...

17.4

Across

2. window
4. calculator
5. pen
8. computer
9. desk

Down

1. chair
3. door
6. light
7. clock
8. table

From Singular to Plural: Transforming Classroom Vocabulary in Spanish

- El lápiz (pencil) -> Los lápices (pencils)
- El pizarrón (chalkboard) -> Los pizarrones (chalkboards)
- La mesa (table) -> Las mesas (tables)
- El escritorio (desk) -> Los escritorios (desks)
- El reloj (clock) -> Los relojes (clocks)
- La luz (light) -> Las luces (lights)

GRAMMAR EXPRESS

17.5

ENGLISH	SPANISH
pencil	
pen	
paper	
eraser	
scissors	
ruler	
book	
notebook	
backpack	
chalkboard	
chair	
table	
desk	
computer	
window	
door	
clock	
light	
calculator	
pen	

18 LA NATURALEZA

NATURE

1	el árbol - *tree*
2	la flor - *flower*
3	el río - *river*
4	la montaña - *mountain*
5	el sol - *sun*
6	la luna - *moon*
7	la estrella - *star*
8	el mar - *sea*
9	el cielo - *sky*
10	la nube - *cloud*
11	el viento - *wind*
12	la lluvia - *rain*
13	el trueno - *thunder*
14	la nieve - *snow*
15	la hoja - *leaf*
16	la piedra - *stone*
17	la arena - *sand*
18	el agua - *water*
19	el fuego - *fire*
20	el aire - *air*

DID YOU KNOW...

Many of these words can be used metaphorically in expressions and idioms. For instance, "*estar en las nubes*" (to be in the clouds) means to be daydreaming or not paying attention.

18.1

Spanish	English
el árbol	tree
la flor	flower
el río	river
la montaña	mountain
el sol	sun
la luna	moon
la estrella	star
el mar	sea
el cielo	sky
la nube	cloud

```
A U O J H O P V F A K L R X O N D E Y
H Q P C V H H W S V M A K L J V F T H
J X D H P M F R O R M X O B A H V R R
Y W R K S S C A E R X B A T Z C O E A
C W S H D G B V Q S R E K K G L V E J
V R N R J L I M E Á U O Q V F O C P S
L A E S T R E L L A L F A A L U R O K
B I T D O Q H E L C I E L O E D M A H
E L H R W F N B Q O S P L O R Y S N L
Y L B Z S T A R S Y U K T S W S L I M
Y J M O U N T A I N N C Y S O E D H R
U G E A U O L T O M Y J B Z U L R J K
A Q D L R S G O E U B O T W I J H D Z
X E A K A H M A D M I X M I N U O R T
Q L A M O N T A Ñ A Y C X S Z A X D W
S R S L R D U J F U K D O M J G O H G
F Í Y R A N W B Z F J H J K A X N E D
L O T X F J Y H E Z D O E D P V J K T
U Z L W E V L M T C V J K G A I F V U
```

18.2

Spanish	English
el viento	wind
la lluvia	rain
el trueno	thunder
la nieve	snow
la hoja	leaf
la piedra	stone
la arena	sand
el agua	water
el fuego	fire
el aire	air

```
Z T R V Q W K L X A P N H H R A M P Y
M J L G D V P W O O L E L F U E G O C
B E E H R F A N Z A K F N S I Q K V Y
L G L O K K S B F N M O Z A Z R W R A
X M V A X N F P B Q N E L A I R E J N
W A I P G N G V S Q S L A R L T O I Z
A I E S J U G M S O Z T Z Z A H K J Q
G R N S W P A J J Q B R X W A U U E U
K V T D W V Z J N O Y U L L F N E Z D
J C O O N Q C X F S L E S E X D R W K
I B R L Y D Y F M B N N W A R E A E Z
P W V R A U N S Q F A O O F N R I M J
E B X E J L Z Z P B M W W Z D D N H G
Y N B M L K L L A N I E V E N A F C N
R J D U C B D U L U N U I D O W N R E
K N K Y S M G T V O D P N D C V D V
V R S P V V Z K T I A T O N M U Y E Z
T F D M U D V S E L A A R E N A C J Q
Y N A I Y Q I T F U C J P O A F D Y T
```

18.3

Across

3. cloud
4. sea
5. tree
6. sun
9. mountain

Down

1. star
2. sky
4. river
7. moon
8. flower

DID YOU KNOW...

More Expressions with Nature's Elements

- *Estar en la luna* (to be on the moon) - to be lost in thought or not paying attention.
- *Subirse a la montaña* (to climb the mountain) - to overcome challenges or obstacles.
- *Ver las estrellas* (to see the stars) - to feel pain or discomfort.
- *Tener el agua al cuello* (to have the water at the neck) - to be in a difficult or critical situation.
- *Romper el hielo* (to break the ice) - to initiate or start a conversation or social interaction.
- *Tomar el aire* (to take the air) - to get some fresh air or go for a walk.

18.4

Across

2. thunder
6. fire
7. sand
8. snow

Down

1. rain
3. wind
4. stone
5. air
7. leaf
9. water

HOW MANY DO YOU KNOW?
- NATURE'S GRANDEUR -

Machu Picchu (Peru)
Galapagos Islands (Ecuador)
Torres del Paine National Park (Chile)
Salar de Uyuni (Bolivia)
Patagonia (Argentina and Chile)
Tayrona National Park (Colombia)
Atacama Desert (Chile)
Angel Falls (Venezuela)
Ometepe Island (Nicaragua)
Río Celeste (Costa Rica)
Huascarán National Park (Peru)

18.5

ENGLISH	SPANISH
tree	
flower	
river	
mountain	
sun	
moon	
star	
sea	
sky	
cloud	
wind	
rain	
thunder	
snow	
leaf	
stone	
sand	
water	
fire	
air	

19 LOS ANIMALES

ANIMALS

1. el mono - *monkey*
2. el pájaro - *bird*
3. el pez - *fish*
4. el elefante - *elephant*
5. el león - *lion*
6. el tigre - *tiger*
7. el oso - *bear*
8. el zorro - *fox*
9. la serpiente - *snake*
10. la abeja - *bee*
11. la mariposa - *butterfly*
12. la araña - *spider*
13. la tortuga - *turtle*
14. el perro - *dog*
15. el gato - *cat*
16. el caballo - *horse*
17. la vaca - *cow*
18. la oveja - *sheep*
19. el cerdo - *pig*
20. el ratón - *mouse*

DID YOU KNOW...

Animal Talk: Spanish Sounds!

el perro (dog): "*guau guau*"
el gato (cat): "*miau*"
la vaca (cow): "*mu*"
el pato (duck): "*cuac cuac*"
la oveja (sheep): "*beee*"
el pájaro (bird): "*pío pío*"

19.1

Spanish	English
el mono	*monkey*
el pájaro	*bird*
el pez	*fish*
el elefante	*elephant*
el león	*lion*
el tigre	*tiger*
el oso	*bear*
el zorro	*fox*
la serpiente	*snake*
la abeja	*bee*

19.2

Spanish	English
la mariposa	*butterfly*
la araña	*spider*
la tortuga	*turtle*
el perro	*dog*
el gato	*cat*
el caballo	*horse*
la vaca	*cow*
la oveja	*sheep*
el cerdo	*pig*
el ratón	*mouse*

19.3

Across

2. bee
4. tiger
6. monkey
7. elephant
9. fox

Down

1. snake
3. bird
4. bear
5. fish
8. lion

DID YOU KNOW...

Language Safari: Animal Cognates!

- *elefante* - elephant
- *tigre* - tiger
- *animal* - animal
- *gorila* - gorilla
- *serpiente* - serpent
- *mono* - monkey
- *cocodrilo* - crocodilo
- *delfín* - dolphin
- *canguro* - kangaroo
- *camello* - camel
- *koala* - koala
- *pingüino* - penguin
- *jirafa* - giraffe
- *hiena* - hyena
- *léon* - lion
- *leopardo* - leopard

19.4

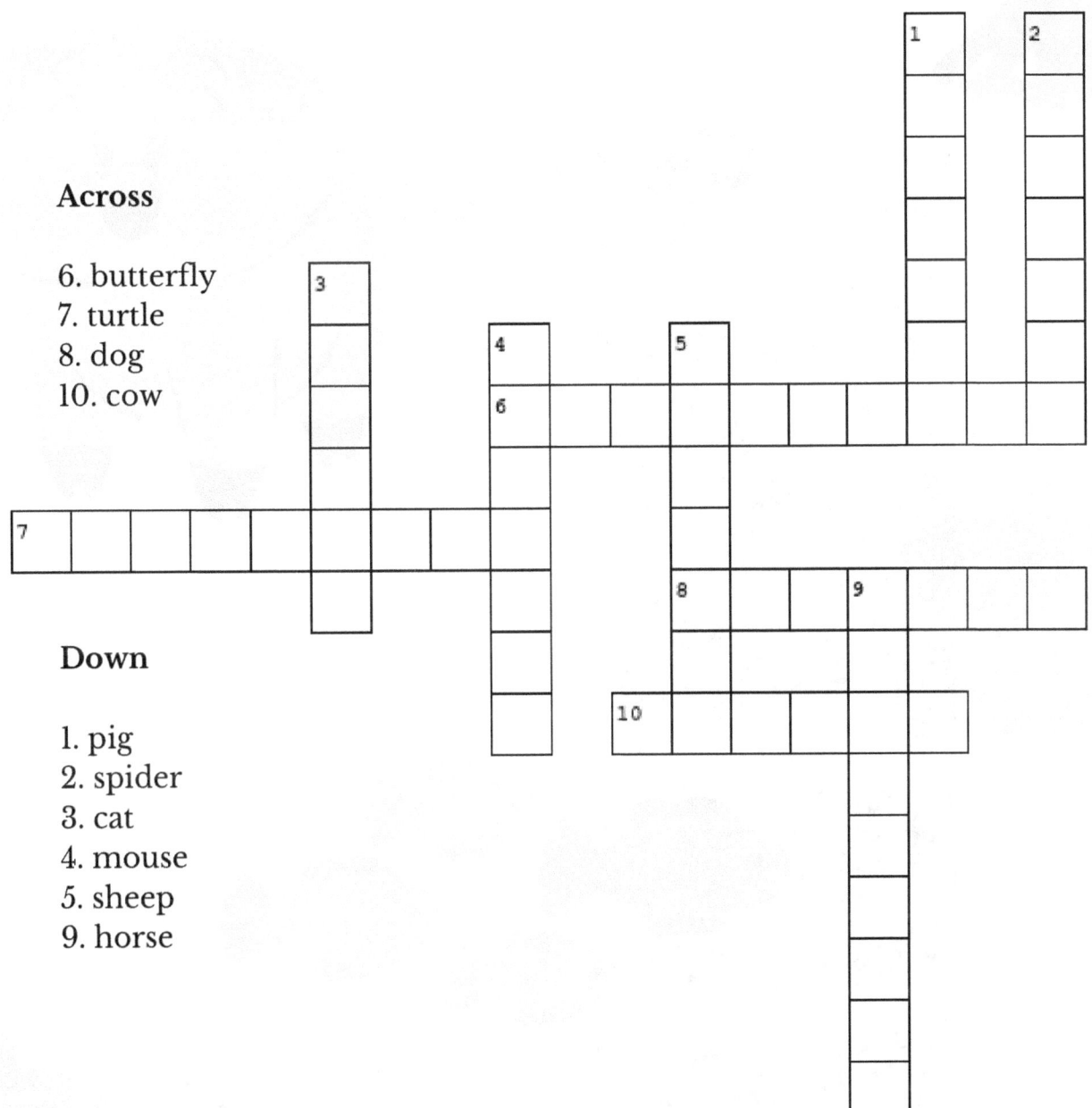

Across

6. butterfly
7. turtle
8. dog
10. cow

Down

1. pig
2. spider
3. cat
4. mouse
5. sheep
9. horse

DID YOU KNOW...

Fun with Animal Expressions

- *tener memoria de elefante* (to have the memory of an elephant) - to have a very good memory.
- *ser un gallina* (to be a chicken) - to be a coward.
- *tener vista de águila* (to have the eyesight of an eagle) - to have very good eyesight or keen observation skills.
- *ser un lobo solitario* (to be a lone wolf) - to prefer being alone or independent.

19.5

ENGLISH	SPANISH
monkey	
bird	
fish	
elephant	
lion	
tiger	
bear	
fox	
snake	
bee	
butterfly	
spider	
turtle	
dog	
cat	
horse	
cow	
sheep	
pig	
mouse	

20 EL TIEMPO

WEATHER

1. el sol - *sun*
2. el cielo - *sky*
3. la nube - *cloud*
4. el rayo - *lightning*
5. la lluvia - *rain*
6. la nieve - *snow*
7. el hielo - *ice*
8. el viento - *wind*
9. la brisa - *breeze*
10. el aire - *air*
11. el calor - *heat*
12. la temperatura - *temperature*
13. la humedad - *humidity*
14. el clima - *climate*
15. hay viento - *it's windy*
16. hace frío - *it's cold*
17. hace calor - *it's hot*
18. está nublado - *it's cloudy*
19. está lloviendo - *it's raining*
20. está nevando - *it's snowing*

DID YOU KNOW...

Spain is known for its diverse climate due to its geographical features. The northern regions tend to be cooler and experience more rainfall, while the southern regions have a Mediterranean climate with hot summers and mild winters!

20.1

el sol	sun
el cielo	sky
la nube	cloud
el rayo	lightning
la lluvia	rain
la nieve	snow
el hielo	ice
el viento	wind
la brisa	breeze
el aire	air

```
T U R Ó S G Z P K T C I H D E R S Q E
B L A N U B E O Y K P E Z J O G W I C
R Y U F N F R T L O T I J I Y N M V O
S S K Y B O R R R Y V Q S W K J O K Z
R N J Y Q M A X T M U Q B H F M W S R
E O G N Z H O O J B E N B O E K T Y I
H W D O F C R L A C I E V E X A X N K
F Z R R J D L B I A R C K B C Z V E I
K W C Y Y I H N R G P N O C S V K N R
V Q V O M E T J U E H L W Q B E E D Z
R I Q W M L E V O O E T M X R D L C A
W B T W S H W L Y I K Z N W H J V S Z
Q W Q M I I E A C C I G E I D K I P V
T C Y X I E R L W G D Y W N N R E I Q
N T D T J L E L A H S S H D B G N I Z
Z W S N E O O U M I E Q O A T M T B H
Q X V O O S A V G B R T L N C L O U D
A Z O Y L A N I E V E E E O X V R X O K
C Z B E Q I T A Z I I P D L L N W O T
```

20.2

Spanish	English
el calor	heat
la temperatura	temperature
la humedad	humidity
el clima	climate
hay viento	it's windy
hace frío	it's cold
hace calor	it's hot
está nublado	it's cloudy
está lloviendo	it's raining
está nevando	it's snowing

```
Q T B O W D L G E V Q V Q Q J R S C G
C U A H H D J H C I T S S N O W I N G
U H S Y E A S C V I T S C L O U D Y Y
G K D C M A Y R F W W Q A B W Y E P K
O R P Y E I Q V R H U C I E N F S I R
X T L V S R D H I C L I M A T E T T H
Z D A P T T I C G E L C L I M A Á S E
M Q T A Á Y I D O S N P B N W Q N R A
Q S E V N I I E V T D T A E Y X U A T
G F M U E T T H K Á K B O V H T B I Q
G J P E V S Q S T L K V K Q A H L N B
W F E Y A W B N C L O D V R C U A I L
X E R C N I B O T O T S E O E M D N V
D F A Z D N R G J V L P G O C I O G F
O T T Z O D T J C I M D C R A D H D H
T H U O Q Y H A C E F R Í O L I Y L E
I Q R X Z R H P T N I T S H O T M W W
N L A H U M E D A D R R H A R Y Y G R
X L S Y L B L P G O C W Q J T V F Y X
```

20.3

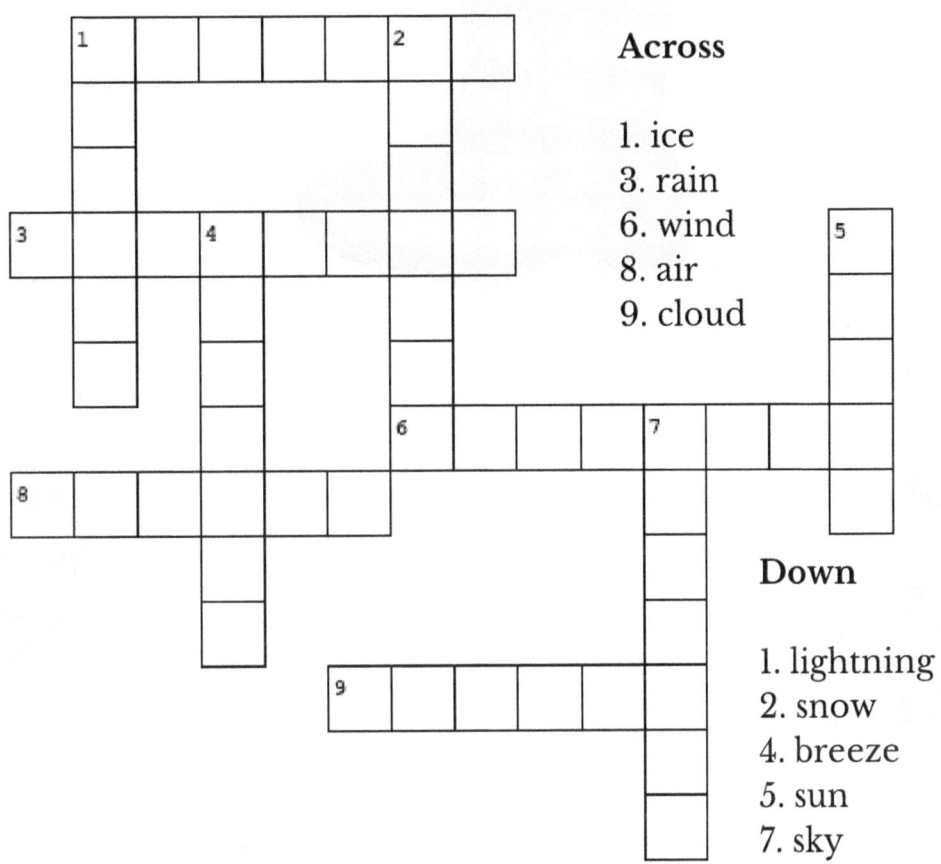

Across

1. ice
3. rain
6. wind
8. air
9. cloud

Down

1. lightning
2. snow
4. breeze
5. sun
7. sky

Weather Chit-Chat: Questions to Ask in Spanish

- *¿Cómo está el clima hoy?* (How is the weather today?)
- *¿Hace frío o calor?* (Is it cold or hot?)
- *¿Qué temperatura hace ahora?* (What's the temperature right now?)
- *¿Cuál es tu estación favorita?* (What is your favorite season?)
- *¿Te gusta el sol o la lluvia?* (Do you like the sun or the rain?)
- *¿Qué te gusta hacer cuando hace sol/llueve?* (What do you like to do when it's sunny/raining?)
- *¿Cuál es tu clima ideal?* (What's your ideal weather?)
- *¿Qué tiempo hace?* (What's the weather like?)
- *¿Hace frío hoy?* (Is it cold today?)

GRAMMAR EXPRESS

20.4

Across

2. heat
5. it's snowing
7. it's hot
8. humidity
9. it's cloudy

Down

1. it's windy
2. it's raining
3. it's cold
4. temperature
6. climate

GRAMMAR EXPRESS

In Spanish, the verb "*estar*" is commonly used to express states and conditions, including describing the current weather. By combining "*estar*" with an adjective, you can convey different weather conditions. Here are some examples:

- *Está soleado* - It is sunny.
- *Está ventoso* - It is windy.
- *Está helado* - It is freezing.
- *Está caluroso* - It is hot.

20.5

ENGLISH	SPANISH
sun	
sky	
cloud	
lightning	
rain	
snow	
ice	
wind	
breeze	
air	
heat	
temperature	
humidity	
climate	
it's windy	
it's cold	
it's hot	
it's cloudy	
it's raining	
it's snowing	

21 LA COMIDA

FOOD

1. el arroz - *rice*
2. el pollo - *chicken*
3. la carne - *meat*
4. las verduras - *vegetables*
5. las frutas - *fruits*
6. el pan - *bread*
7. el queso - *cheese*
8. los huevos - *eggs*
9. el helado - *ice cream*
10. la ensalada - *salad*
11. el pescado - *fish*
12. la sopa - *soup*
13. la pasta - *pasta*
14. la cebolla - *onion*
15. el ajo - *garlic*
16. el aceite - *oil*
17. la mantequilla - *butter*
18. el azúcar - *sugar*
19. la sal - *salt*
20. el chocolate - *chocolate*

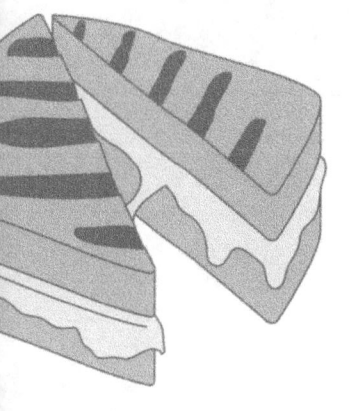

DID YOU KNOW...

The Fin-tastic Difference: 'Pez' vs 'Pescado'

"*Pez*" refers to live fish or fish in its natural state. On the other hand, "*pescado*" refers to fish that has been caught, harvested, and prepared for consumption, focusing on fish as food.

21.1

el arroz	|	*rice*
el pollo	|	*chicken*
la carne	|	*meat*
las verduras	|	*vegetables*
las frutas	|	*fruits*
el pan	|	*bread*
el queso	|	*cheese*
los huevos	|	*eggs*
el helado	|	*ice cream*
la ensalada	|	*salad*

```
P Q M T G H L A S F R U T A S N
O I M S E L P A N H H J E O M B
V E G E T A B L E S K I L I P G
J G I D N Y O A E N O O P B G P
E L Q U E S O M Q D S U O G R F
N L L C E W A D A E K A L M J U
Q L A P F E A L A N W L L E V F
H I S R R E E G A H T M O A K U
K A V C R H R T T D G J F T D V
G L E B L O S H U E V O S J E A
Y C R E T A Z S E I D L Y N O K
I E D I U O C S Y J Y F J R L K
Z J U D C X E A R J V V S P Z L
A J R P N E Z F R U I T S P B L
G W A Q H M Y E I N A G P W T Y
T Z S C K C H I C K E N P L L C
```

21.2

el pescado	|	*fish*
la sopa	|	*soup*
la pasta	|	*pasta*
la cebolla	|	*onion*
el ajo	|	*garlic*
el aceite	|	*oil*
la mantequilla	|	*butter*
el azúcar	|	*sugar*
la sal	|	*salt*
el chocolate	|	*chocolate*

```
T L I E L C H O C O L A T E P H Z M U
C A A W Y W G N K L A S A L W G B W S
S M L Q P Z C W B A S K D P T A U S A
V A T E B V H E X C W W J E H R T D S
A N H E B Z H E K E Y T E S A L T D J
M T K X T K T Y H B D Y I C B I E N J
J E B P N I V P U O F F V A K C R V U
O Q I D E L I C B L O A R D J W H D L
Y U C C A T Z U V L R Y S O W C E K Y
N I A B C O D F C A U W V A A Y I R
R L S G H R D W C V Q W N Z T S Q F S
E L A J O L Z X D B D O H S O U P H D
Y A J E C G F Y Y V I N A Z H Z Q K A
O V S K O S D N L N P P P P D J W C V G
O J L C L L A S O P A T U R W P S X E
F S U G A R Q Y I L S T V O W P G L X
P A K Y T P D V L B T W A G L X O N Q
G W Z C E L A Z Ú C A R R U Y I U R K
N H G F A C M V C I W C T U R B E Y E
```

21.3

Across

3. ice cream
5. meat
6. chicken
8. vegetables
9. salad

Down

1. bread
2. eggs
3. rice
4. cheese
7. fruits

DID YOU KNOW...

In Spanish, the words "*verduras*" and "*vegetales*" are often used interchangeably to refer to vegetables. However, there is a subtle difference in their usage. "*Verduras*" specifically refers to leafy green vegetables, such as lettuce, spinach, and kale. On the other hand, "*vegetales*" is a broader term that encompasses all types of vegetables, including root vegetables, legumes, and other non-leafy varieties.

21.4

Across

2. soup
4. garlic
6. butter
7. chocolate
8. fish

Down

1. pasta
3. salt
4. oil
5. onion
7. sugar

CULTURAL GEMS

Culinary Passport: Discovering Iconic Foods!

- *Asado* (barbecue)
- *Salteñas* (savory pastries)
- *Empanadas* (stuffed pastries)
- *Bandeja paisa* (platter with rice, beans, meat, and plantains)
- *Gallo pinto* (rice and beans)
- *Ceviche* (marinated seafood)
- *Tacos* (filled tortillas)
- *Paella* (saffron rice with various ingredients)
- *Arepas* (cornmeal patties with various fillings)

21.5

ENGLISH	SPANISH
rice	
chicken	
meat	
vegetables	
fruits	
bread	
cheese	
eggs	
ice cream	
salad	
fish	
soup	
pasta	
onion	
garlic	
oil	
butter	
sugar	
salt	
chocolate	

22 LAS BEBIDAS

DRINKS

1. el agua - *water*
2. la leche - *milk*
3. el té - *tea*
4. el café - *coffee*
5. el jugo - *juice*
6. la limonada - *lemonade*
7. el chocolate caliente - *hot chocolate*
8. el té verde - *green tea*
9. el té negro - *black tea*
10. el té helado - *iced tea*
11. el jugo de naranja - *orange juice*
12. el jugo de manzana - *apple juice*
13. el jugo de uva - *grape juice*
14. la leche de soya - *soy milk*
15. la leche de avena - *oat milk*
16. la leche de almendra - *almond milk*
17. el café con leche - *latte*
18. la soda - *soda*
19. el agua mineral - *mineral water*
20. el refresco - *soda*

CULTURAL GEMS

Mate is a traditional South American drink, particularly popular in countries like Argentina, Uruguay, and Paraguay. It is made by steeping dried leaves of the yerba mate plant in hot water and is typically consumed through a metal straw called a *bombilla*.

22.1

```
S K E L T É N E G R O O W H M B U B N
U Q L A L I M O N A D A H V L V V L R
W I C E D T E A K J E L C A F É N N R
K Y H O A I B O H T L S O G O H S A T
V W O Y T Q Q M N J T O F E B L U O G
L J C X A E T E X U É O F M U T M G J
O O O X N C E E L I Y L E M O N A D E
B N L K T R B L A C K T E A I W B X K
J Y A W G G A J A E L A G U A L G X Q
G N T C F R I U C F L A H K G X K Z H
O J E J E P E G Y Y D T L D D A D D W
W F C T G I H O R G G O É E I T T L E
L M A U A L B J N W K W I V C Y N D K
C W L B E F J B D Y P H B H E H U A W
L M I U R Q J Z S B M I J W M R E Z T
S D E E G R O G V K J V K D A C D T V
O K N V D V M B C J D S B S H M Q E O
H O T C H O C O L A T E I E P U E W G
Z H E L T É H E L A D O H N O O B K O
```

el agua	*water*	la limonada	*lemonade*
la leche	*milk*	el chocolate caliente	*hot chocolate*
el té	*tea*		
el café	*coffee*	el té verde	*green tea*
el jugo	*juice*	el té negro	*black tea*
		el té helado	*iced tea*

CULTURAL GEMS

Cola de mono, which translates to "monkey's tail," is a traditional Christmas drink in Chile. It is a spiced alcoholic beverage made with *aguardiente* (a type of liquor), milk, coffee, spices, and sugar.

22.2

```
J W U X X V K C R L S O Y M I L K R M
Z E L J U G O D E N A R A N J A U E D
F S V M I N E R A L W A T E R L M R T
C L K Q Y S J F Q G M N G A P E V E W
E A N W L B S O D A C G N P G C D V V
A L E V A R E O R K R E A P R H U P T
J E L L H Y C A D X V J L L A E A E F
E C C F J J Y Z G A A U M E P D F L Y
A H A P R U Y O E P U I O J E E Y A X
J E F O L P G D A C P C N U J A V G F
K D É M W O E O T T S E D I U L L U E
B E C Y Q H P Q D E M W M C I M A A K
D S O M C M R E R E Y I I E C E V M U
M O N E A F R F E J U O L P E N C I Q
O Y L T P T E T E Q E V K K O D L N Q
Z A E Z F R T H A I D I A D Q R Y E Q
L H C P L A S O D A S K N N U A V R N
J N H E L J U G O D E M A N Z A N A Z
C D E L R Z V H C T H V U H T F I L F
```

el jugo de naranja	*orange juice*	la leche de almendra	*almond milk*
el jugo de manzana	*apple juice*	el café con leche	*latte*
el jugo de uva	*grape juice*	la soda	*soda*
la leche de soya	*soy milk*	el agua mineral	*mineral water*
la leche de avena	*oat milk*	el refresco	*soda*

CULTURAL GEMS

Horchata is a refreshing beverage commonly found in Spanish-speaking countries. It is made from ground nuts, seeds, or grains (such as rice or almonds), mixed with water, sugar, and spices. *Horchata* has a unique flavor profile and is often enjoyed over ice!

22.3

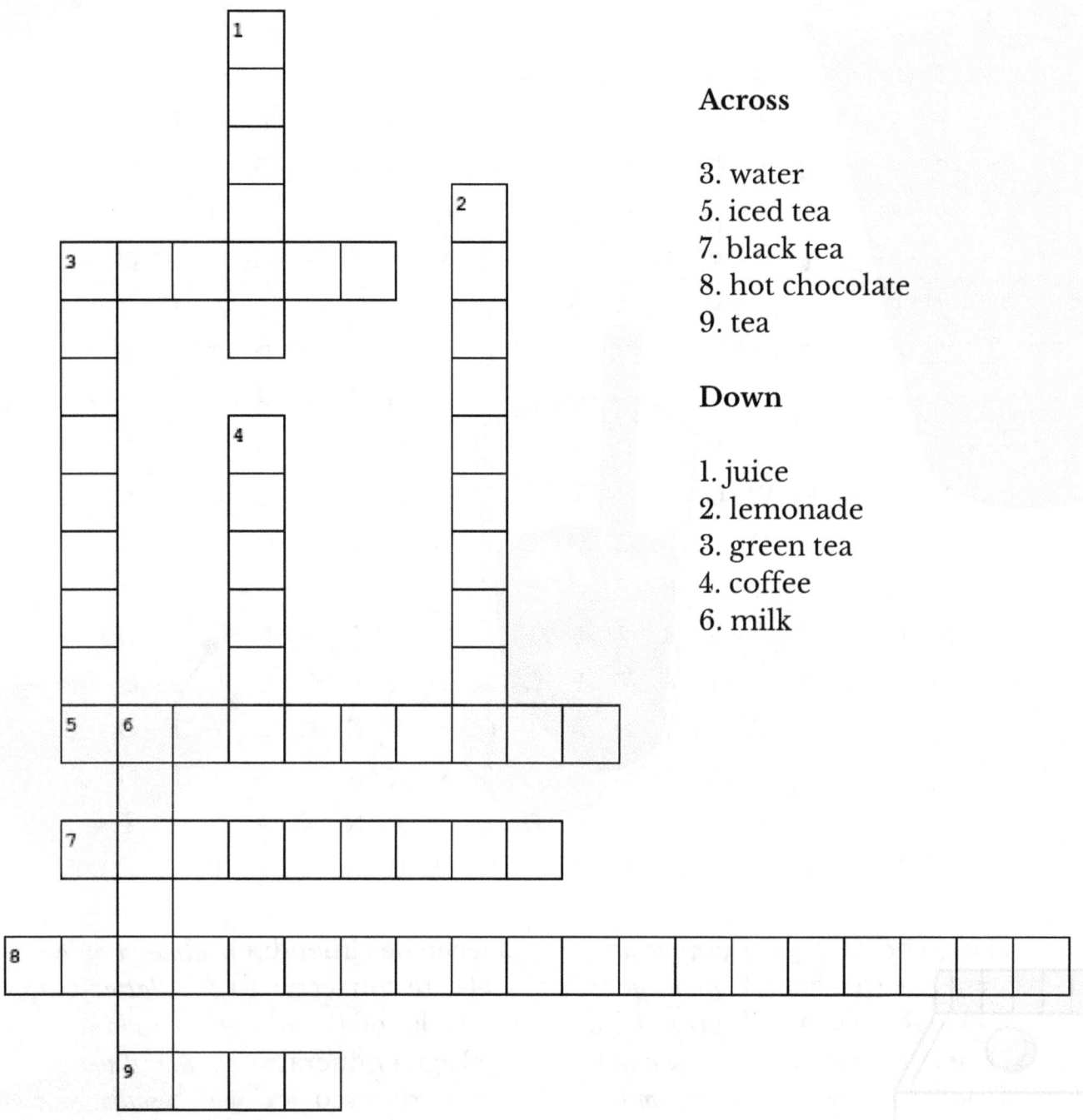

Across

3. water
5. iced tea
7. black tea
8. hot chocolate
9. tea

Down

1. juice
2. lemonade
3. green tea
4. coffee
6. milk

CULTURAL GEMS

Mate is not just a drink, but a social ritual. It is often shared among friends and family, with a single *mate* cup and *bombilla* passed around for everyone to enjoy. The act of sharing *mate* is seen as a sign of friendship and hospitality. It is common for people to offer a *mate* to visitors as a welcoming gesture.

22.4

Across

2. soy milk
5. apple juice
7. soda
9. almond milk
10. oat milk

Down

1. grape juice
3. latte
4. orange juice
6. soda
8. mineral water

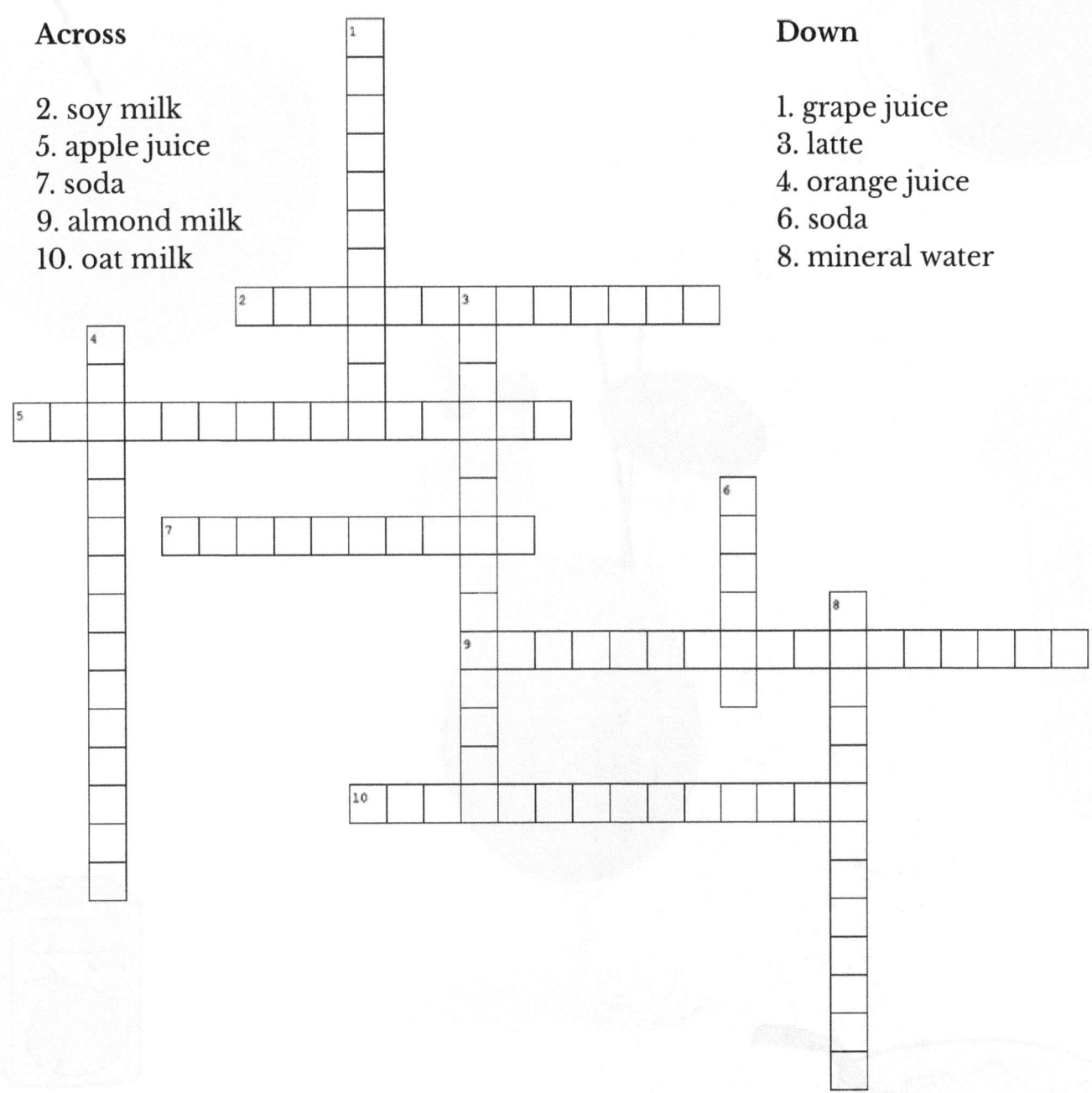

CULTURAL GEMS

Mexico is famous for its traditional drink called "*agua fresca*," which is a refreshing beverage made by blending fruits, water, and sugar. Some popular flavors include *horchata* (rice-based), *jamaica* (hibiscus flower), and *tamarindo* (tamarind).

22.5

ENGLISH	SPANISH
water	
milk	
tea	
coffee	
juice	
lemonade	
hot chocolate	
green tea	
black tea	
iced tea	
orange juice	
apple juice	
grape juice	
soy milk	
oat milk	
almond milk	
latte	
soda	
mineral water	
soda	

23 EL TRANSPORTE

TRANSPORTATION

1. el avión - *airplane*
2. el autobús - *bus*
3. la bicicleta - *bicycle*
4. el coche - *car*
5. el carro - *car*
6. la estación de tren - *train station*
7. el ferry - *ferry*
8. el helicóptero - *helicopter*
9. la limusina - *limousine*
10. el metro - *subway*
11. la moto - *motorcycle*
12. el barco - *boat*
13. la caravana - *caravan*
14. el taxi - *taxi*
15. el tren - *train*
16. el billete - *ticket*
17. la salida - *departure*
18. la llegada - *arrival*
19. el vuelo - *flight*
20. el horario - *schedule*

CULTURAL GEMS

The "*chiva*" is a popular mode of transportation in some Latin American countries, especially in rural areas. These colorful and decorated buses are often used for local travel and can be a lively cultural experience.

23.1

el avión	*airplane*
el autobús	*bus*
la bicicleta	*bicycle*
el coche	*car*
el carro	*car*
la estación de tren	*train station*
el ferry	*ferry*
el helicóptero	*helicopter*
la limusina	*limousine*
el metro	*subway*

```
O P J Z M S B S S E S W H T S D M K Z
B U R F H C V U S E E L N A L Z T A E
U J V J E Z K B S A U E Z G A S J X O
X N D O L R C W T S X A S R B W F U A
E E R F I T R A I N S T A T I O N Y V
D L Z J C H D Y R K O C A A C M D P A
U H A X O E L F E R R Y Q N I V E H M
W J D U P E L M E T R O L E C M T P A
P N U H T W G C Y F Q J I L L T A T R
K X D W E O K N O D O D M A E J U O Q
C Z E R R Q B R Z C A L O V T Z I H E
O B I R A D R Ú C E H N U I A U L L Z
A I R P L A N E S P J E S Ó B W A J L
N C H P C L A L I M U S I N A W F L S
C Y A L A E S T A C I Ó N D E T R E N
T C E L H E L I C Ó P T E R O G L O W
S L W F L O Z G P A W Q N E B H X D K
P E X T W Y M M O L A D U O A X D X M
W K M J E X H T F R H Q U C P W V Q C
```

23.2

la moto	*motorcycle*
el barco	*boat*
la caravana	*caravan*
el taxi	*taxi*
el tren	*train*
el billete	*ticket*
la salida	*departure*
la llegada	*arrival*
el vuelo	*flight*
el horario	*schedule*

```
L N B W J I E H E V J Z I U D K D Y U
V E C O L D G R T Q H X Y A S Y Y S R
X I F I K F D C C Z A T V H C J H W Y
D G B W B X P S O T N A G U H K B B L
M V T E L B I L L E T E L L E Y Y M J
E E N V L H Z E L V U E L O D B B V S
R L V W L P Q V S A C V H O U R T V W
F M H D N R H D K R C S C E L W C D G
B L F O S P O I K Q L A L L E G A D A
Q J I D R C D U N P G C R V Q C R Q R
V B L G R A P E K M Y Y O A D K A N R
K E S A H N R U P C R L B Q V O V Y I
J J B E M T G I R A C A T C B A A I V
T L O P L O C O O G R U O W O G N E A
E M A E Y W T I C K E T G M R P Z A L
X U T T Z O R O N R M T U S K D K Y U
B I F Q M L A S A L I D A R P P G A D
O M J K M L I M Y U L K T X E E G O U
B L U B D S N E I J K P R P I W B I Z
```

23.3

Across

3. car
5. airplane
7. bicycle
8. bus
9. ferry
10. car

Down

1. subway
2. limousine
4. helicopter
6. train station

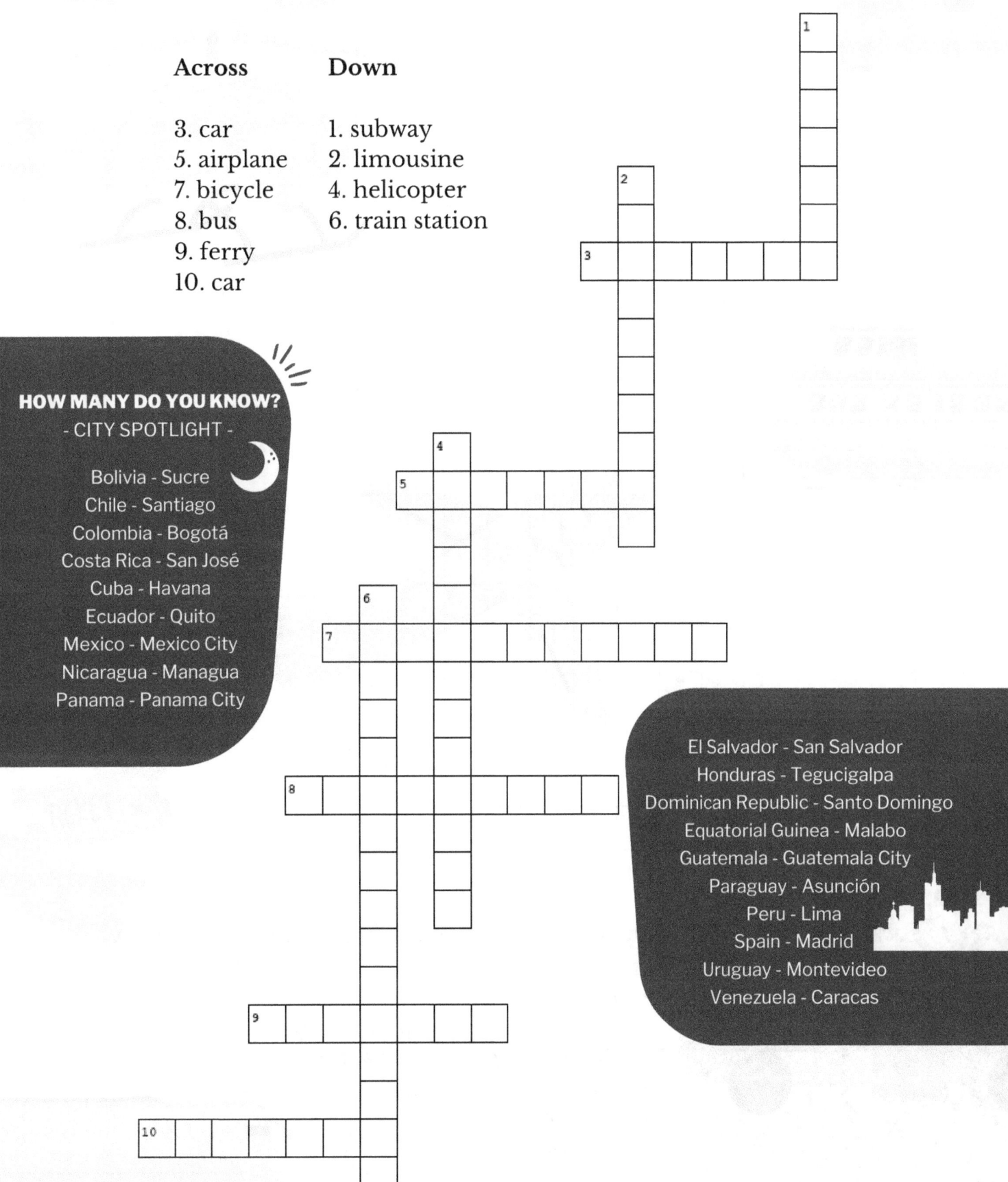

HOW MANY DO YOU KNOW?
- CITY SPOTLIGHT -

Bolivia - Sucre
Chile - Santiago
Colombia - Bogotá
Costa Rica - San José
Cuba - Havana
Ecuador - Quito
Mexico - Mexico City
Nicaragua - Managua
Panama - Panama City

El Salvador - San Salvador
Honduras - Tegucigalpa
Dominican Republic - Santo Domingo
Equatorial Guinea - Malabo
Guatemala - Guatemala City
Paraguay - Asunción
Peru - Lima
Spain - Madrid
Uruguay - Montevideo
Venezuela - Caracas

23.4

Across

2. departure
3. taxi
4. ticket
7. schedule
8. motorcycle

Down

1. caravan
3. boat
4. flight
5. arrival
6. train

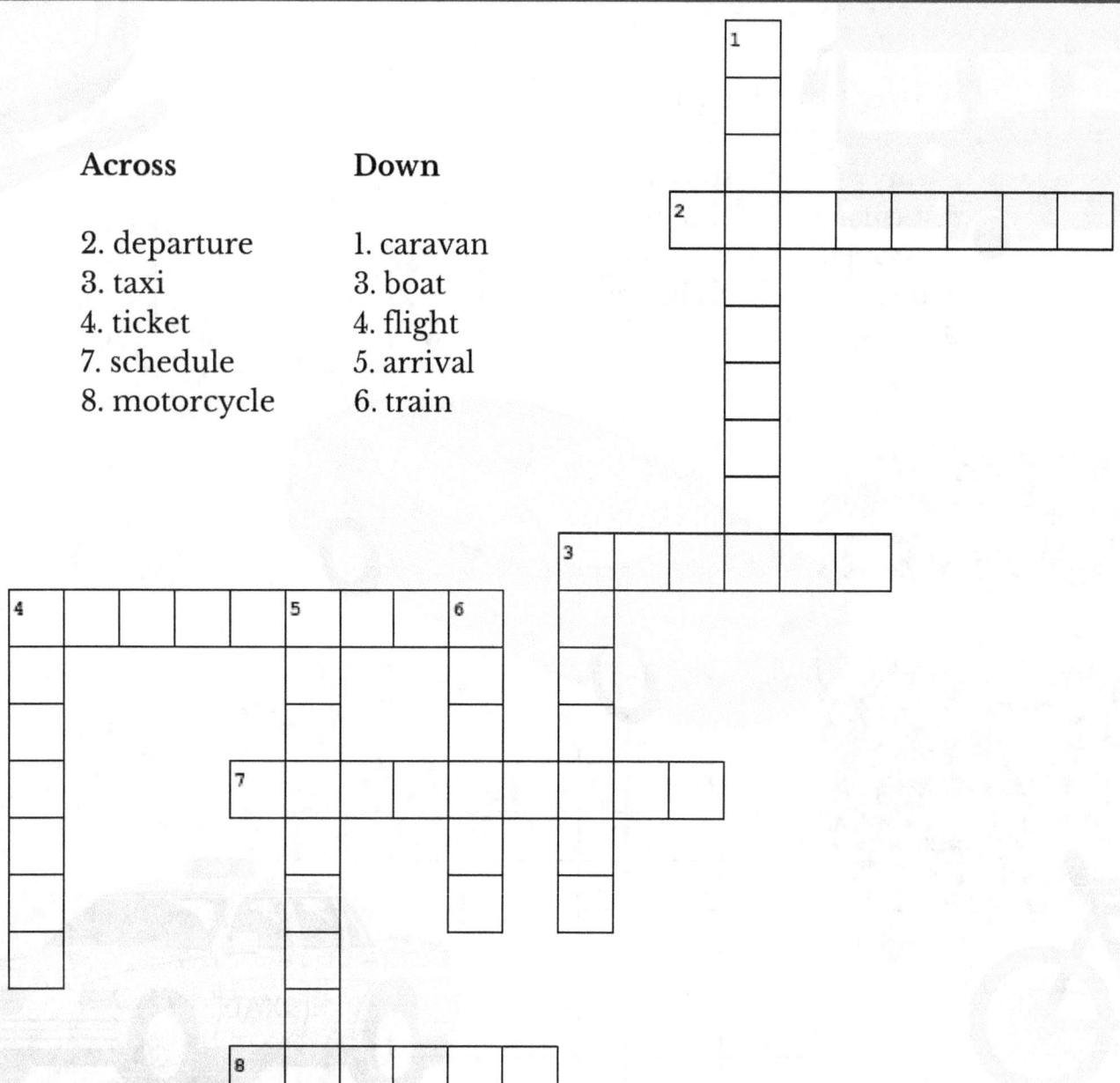

Journey Makers: Navigating Schedules and Arrivals

- *el horario* - schedule
- *la hora de salida* - departure time
- *la hora de llegada* - arrival time
- *el itinerario* - itinerary
- *a tiempo* - on time
- *con retraso* - delayed

GRAMMAR EXPRESS

23.5

ENGLISH	SPANISH
airplane	
bus	
bicycle	
car	
car	
train station	
ferry	
helicopter	
limousine	
subway	
motorcycle	
boat	
caravan	
taxi	
train	
ticket	
departure	
arrival	
flight	
schedule	

24 LOS VERBOS

VERBS

1. tener - *to have*
2. hacer - *to do, to make*
3. ir - *to go*
4. venir - *to come*
5. decir - *to say, to tell*
6. ver - *to see*
7. escuchar - *to listen*
8. hablar - *to speak*
9. comer - *to eat*
10. beber - *to drink*
11. dormir - *to sleep*
12. cocinar - *to cook*
13. limpiar - *to clean*
14. lavar - *to wash*
15. bailar - *to dance*
16. cantar - *to sing*
17. leer - *to read*
18. ayudar - *to help*
19. enseñar - *to teach*
20. aprender - *to learn*

GRAMMAR EXPRESS

The verbs listed above are in their base, unconjugated form. In Spanish, verbs change their forms depending on the subject, tense, and mood of the sentence.

24.1

tener	*to have*
hacer	*to do, to make*
ir	*to go*
venir	*to come*
decir	*to say, to tell*
ver	*to see*
escuchar	*to listen*
hablar	*to speak*
comer	*to eat*
beber	*to drink*

```
P M L Z Z G N Y K H P O P O Q I D F B
O N O M A X N O I M I Z Y A V T G S T
I J X M P Q Q H P O Z E Z L W I H A Z
L B L R F M B I R N U V K B K Q J K R
Q B Z W T O D O T O M A K E J Q X Z I
H J N B S E N S G H E S X B R S Z N H
Z T V T E P O P O P V E R E F B D B K
N R W S F S U P S D E C I R V G C E I
R A O A X B L O O K R S A R X C G T T
U T O S A Y T O T E L L C Z W A H R C
F O O H J Z W E M U B V M U J Y T O R
L D F G T X O O N A E E U E C Q O P Q
N R K L O O C D H E V L Y V S H E U Z
L I B D C K L Q B A R B G Q B B A Z O
P N H N O W K I H S C G D B N O T R U
Y K N S M I X O S Q V E N I R Q D P F
J B N X E C T T X T Z N R P O W W V Y
B K Z O V K O O Q R E N I X S K K V Z
J X L J N P N F B Z Z N F C R W K V G
```

24.2

dormir	*to sleep*
cocinar	*to cook*
limpiar	*to clean*
lavar	*to wash*
bailar	*to dance*
cantar	*to sing*
leer	*to read*
ayudar	*to help*
enseñar	*to teach*
aprender	*to learn*

```
B N S Z T O C L E A N J I E T L Z D O
L Z J M F D R I K S T V W U G Z B B H
Y O C L D O R M I R M D A F L D N S O
U A T D A T D P N I D P Y Z X M U R Z
I P R W E V B I C A J D U R D B O T M
Y R V D A B A A E Q Z V D Y Z R C O R
T E N S E Ñ A R I R M C A N T A R C C
K N L T K M O T O L E A R N V N P O Z
K D J L D T Q O O C A E R O M L Y O V
V E V V B I A S T S N R J R S R P K S
P R T V C L L L A P I L A C F Q K U I
P Y O O A E E E E B D N P P Y P L M N
V M H B D T R E U N I Y G N J O C L V
N S E Q F A O P R C L G A L U M F N P
L C L Z W N N T O W A S H A O C P Q E
Y Q P G K B P C E L B T F Q X Z T D E
M C A Z V D E C E A W N M B C X T X C
L G V Z P J F B D U C K V F Z D J W C
Z O Q I V L E O O D J H Z V M S U O M
```

24.3

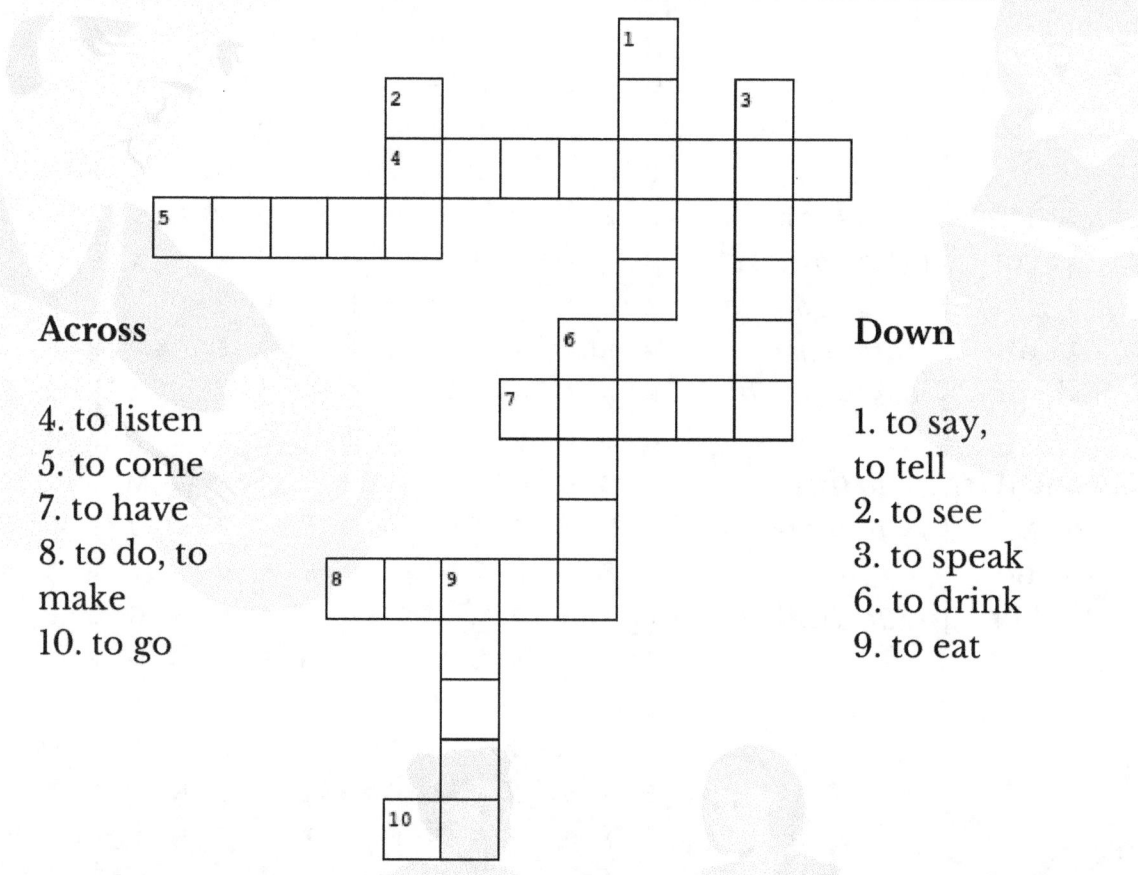

Across

4. to listen
5. to come
7. to have
8. to do, to make
10. to go

Down

1. to say, to tell
2. to see
3. to speak
6. to drink
9. to eat

24.4

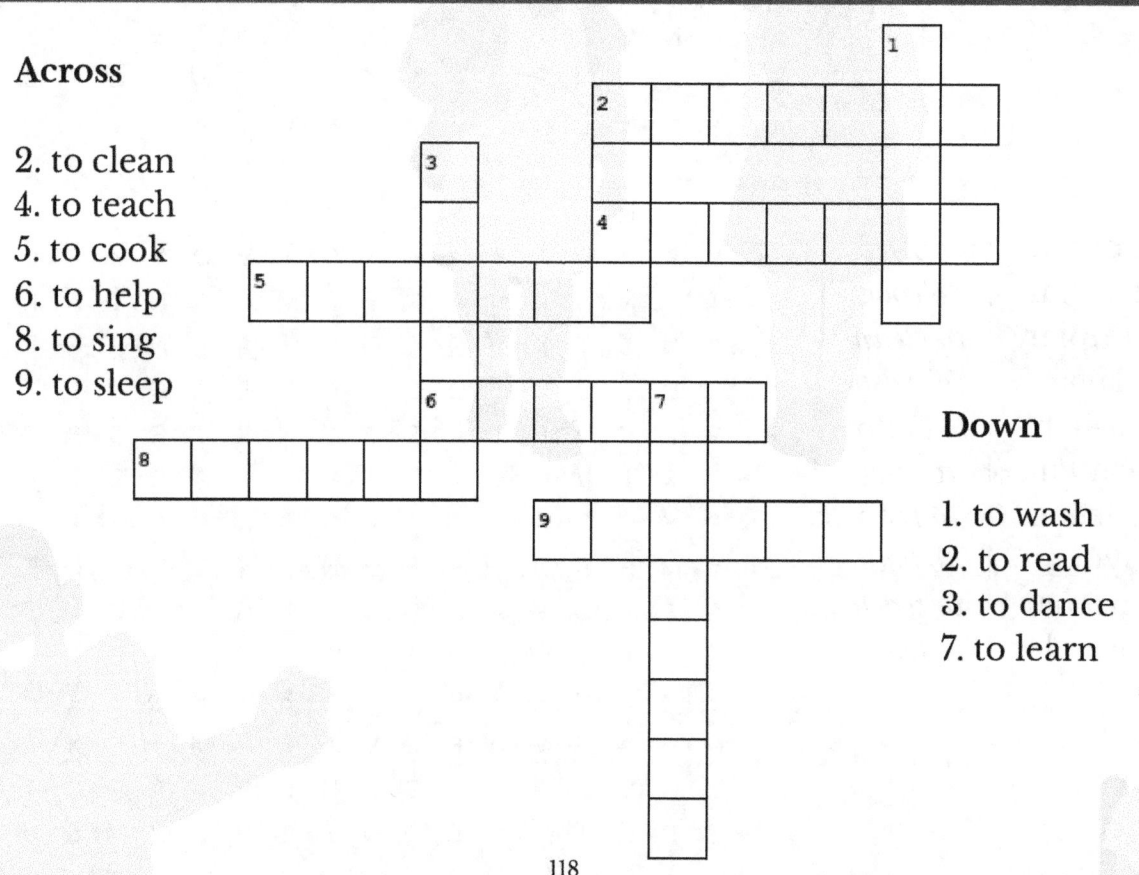

Across

2. to clean
4. to teach
5. to cook
6. to help
8. to sing
9. to sleep

Down

1. to wash
2. to read
3. to dance
7. to learn

24.5

ENGLISH	SPANISH
to have	
to do, to make	
to go	
to come	
to say, to tell	
to see	
to listen	
to speak	
to eat	
to drink	
to sleep	
to cook	
to clean	
to wash	
to dance	
to sing	
to read	
to help	
to teach	
to learn	

25 LOS ADJETIVOS

ADJECTIVES

1. bueno - *good*
2. malo - *bad*
3. grande - *big*
4. pequeño - *small*
5. viejo - *old*
6. nuevo - *new*
7. fácil - *easy*
8. difícil - *difficult*
9. rápido - *fast*
10. lento - *slow*
11. alto - *tall*
12. bajo - *short*
13. joven - *young*
14. inteligente - *intelligent*
15. fuerte - *strong*
16. débil - *weak*
17. divertido - *fun*
18. aburrido - *boring*
19. caliente - *hot*
20. frío - *cold*

GRAMMAR EXPRESS

"*Bueno*" is an adjective that means "good" and is used to describe nouns. For example, "*Un libro bueno*" means "A good book." On the other hand, "*bien*" is an adverb that means "well" and is used to describe how an action is performed. For example, "*Hablas bien español*" means "You speak Spanish well."

25.1

bueno	good
malo	bad
grande	big
pequeño	small
viejo	old
nuevo	new
fácil	easy
difícil	difficult
rápido	fast
lento	slow

```
O  W  M  I  A  J  H  T  I  G  M  J  D
V  A  L  M  H  A  E  A  S  Y  H  T  D
B  D  F  V  U  C  S  M  A  L  L  O  B
J  R  Á  P  I  D  O  Y  P  U  O  F  H
B  W  L  E  D  J  D  V  C  G  N  W  A
B  N  P  A  E  C  T  I  E  G  U  H  K
O  N  B  I  G  V  F  D  F  V  U  F  Z
I  L  V  O  Q  F  N  L  Q  Í  O  Á  X
I  X  V  L  I  A  T  U  E  B  C  C  E
H  G  J  D  R  S  B  U  E  N  O  I  V
P  Z  H  G  Y  T  T  M  A  V  T  L  L
M  P  Z  V  N  E  W  M  A  L  O  O  R
P  E  Q  U  E  Ñ  O  U  L  T  J  N  C
```

25.2

alto	tall
bajo	short
joven	young
inteligente	intelligent
fuerte	strong
débil	weak
divertido	fun
aburrido	boring
caliente	hot
frío	cold

```
K  M  J  D  L  B  L  S  P  X  W  T  C
H  I  H  E  S  H  O  R  T  W  U  F  C
U  V  B  A  B  U  R  R  I  D  O  U  Q
J  D  I  N  T  E  L  L  I  G  E  N  T
B  I  N  T  E  L  I  G  E  N  T  E  C
A  V  M  T  G  B  N  K  A  W  G  G  L
P  E  D  Q  C  O  L  D  L  F  N  T  T
F  R  N  H  R  A  H  O  T  U  J  O  L
D  T  W  T  C  K  J  F  O  E  Í  L  M
L  I  S  W  B  A  O  Y  S  R  A  S  V
I  D  V  E  B  A  V  C  F  T  I  L  G
V  O  C  A  L  I  E  N  T  E  R  V  J
G  V  S  K  E  O  N  C  D  É  B  I  L
```

25.3

Across

2. slow
3. fast
6. easy
9. new
10. old

Down

1. bad
4. small
5. difficult
7. big
8. good

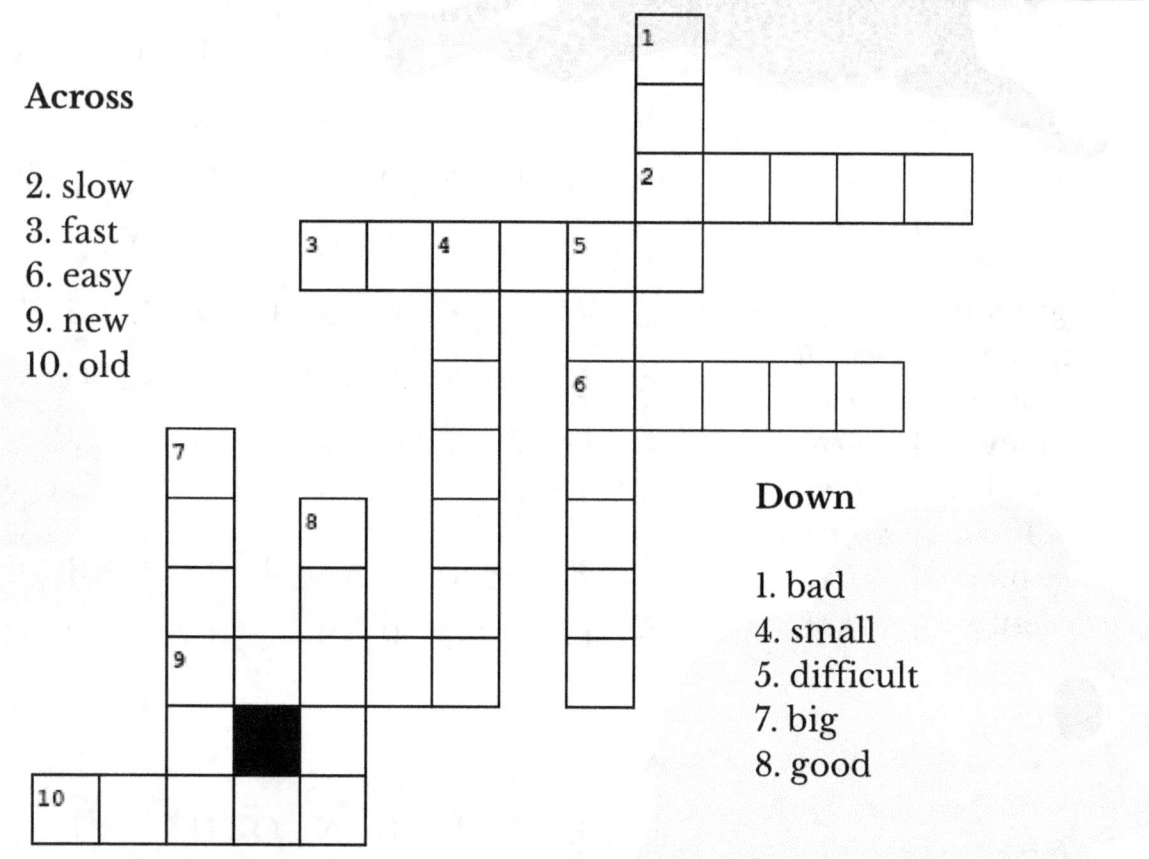

25.4

Across

5. cold
6. short
7. fun
9. tall
10. intelligent

Down

1. boring
2. strong
3. hot
4. young
8. weak

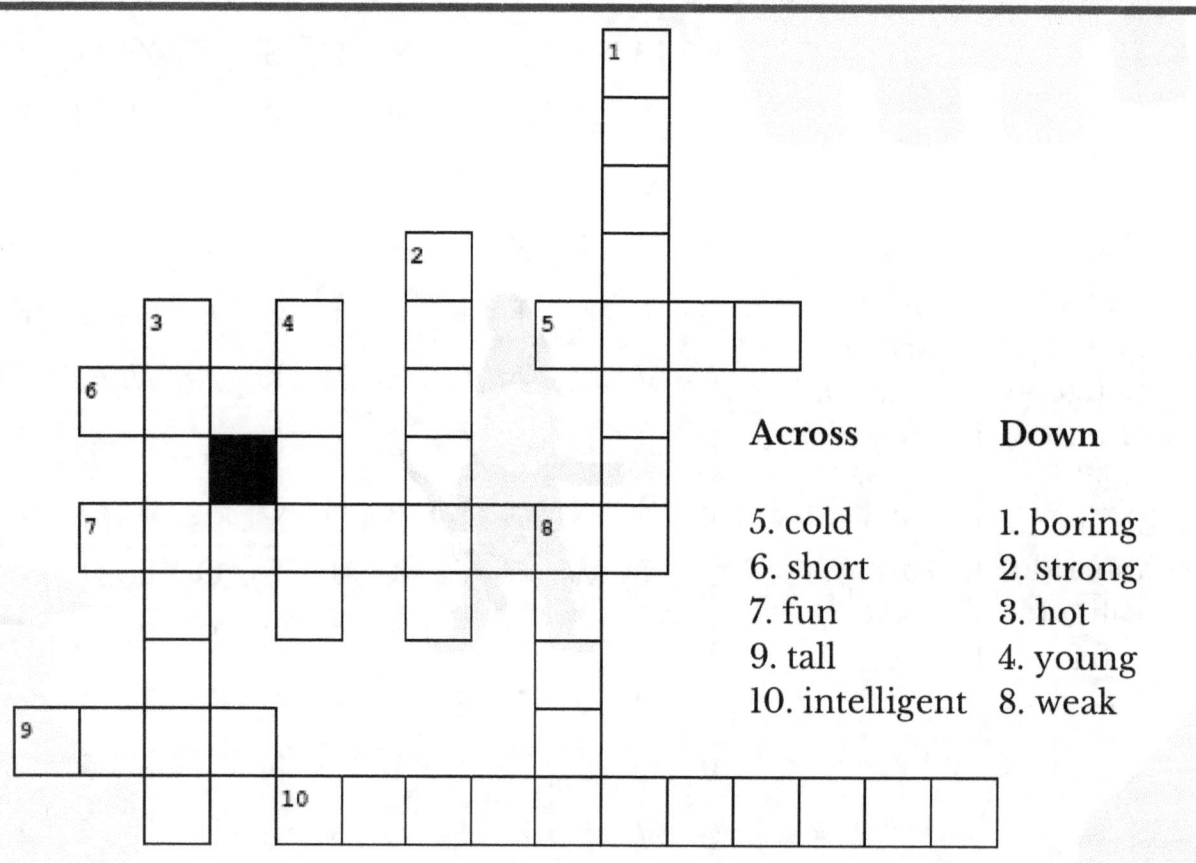

25.5

ENGLISH	SPANISH
good	
bad	
big	
small	
old	
new	
easy	
difficult	
fast	
slow	
tall	
short	
young	
intelligent	
strong	
weak	
fun	
boring	
hot	
cold	

ANSWER KEY

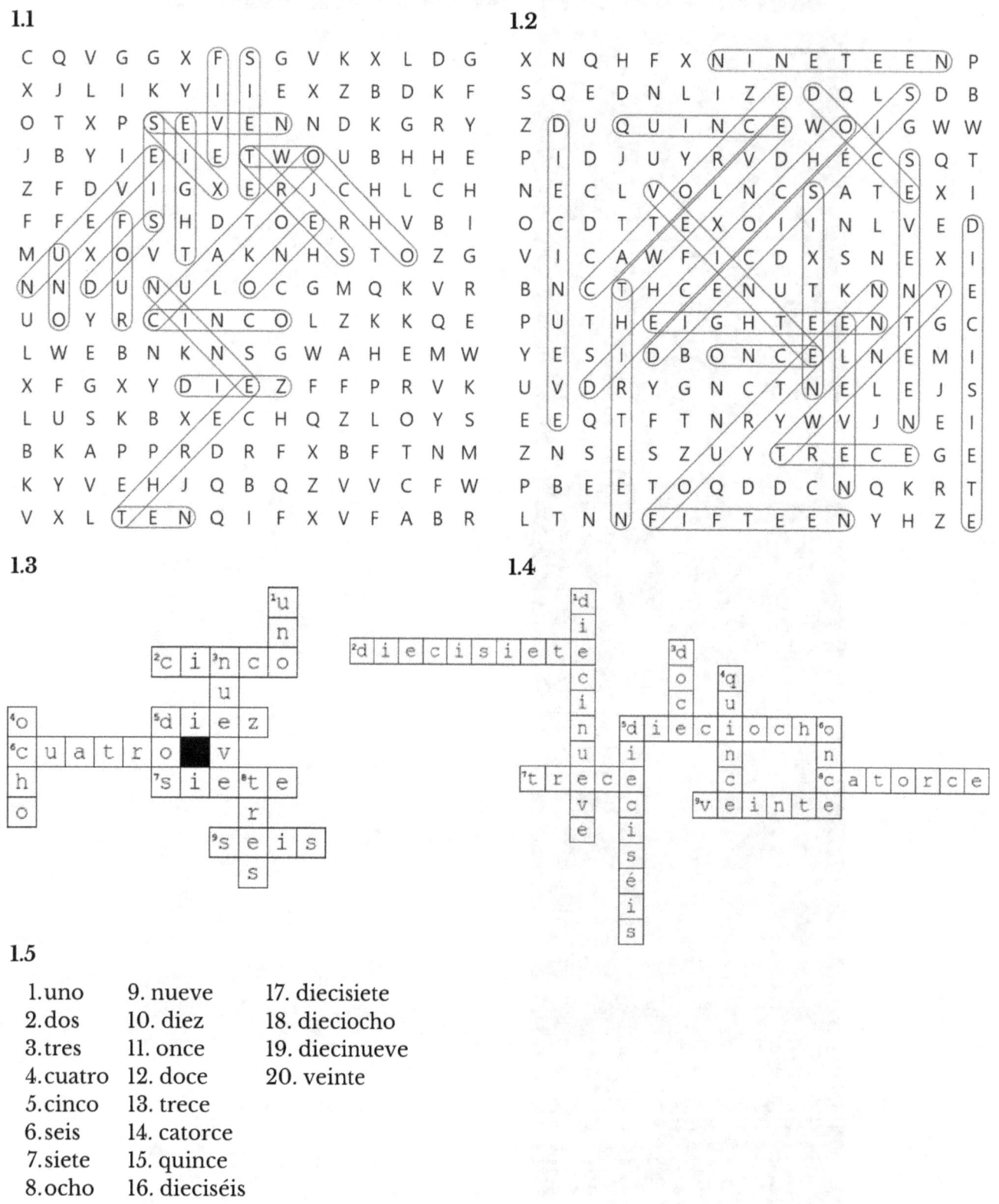

1.5

1. uno
2. dos
3. tres
4. cuatro
5. cinco
6. seis
7. siete
8. ocho
9. nueve
10. diez
11. once
12. doce
13. trece
14. catorce
15. quince
16. dieciséis
17. diecisiete
18. dieciocho
19. diecinueve
20. veinte

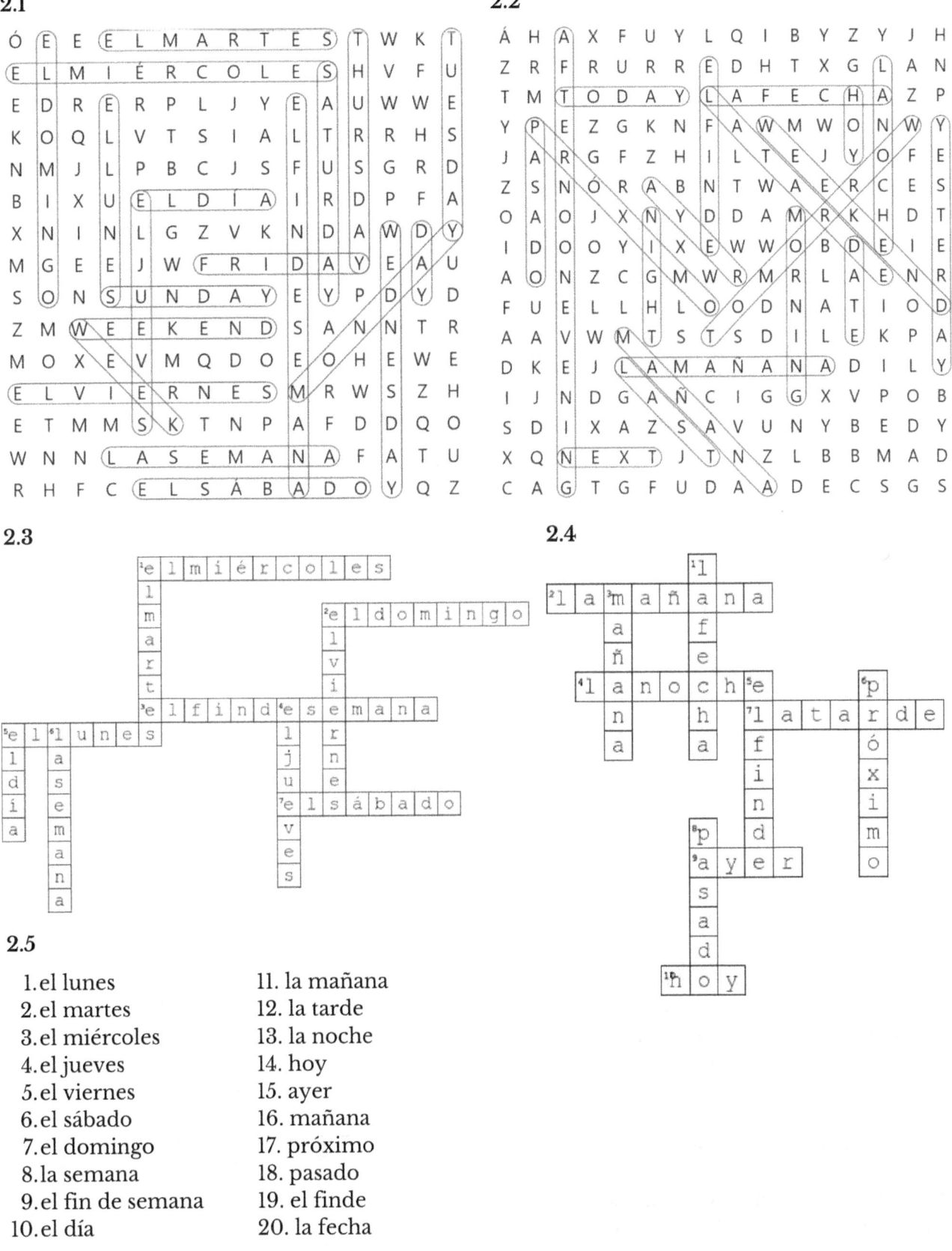

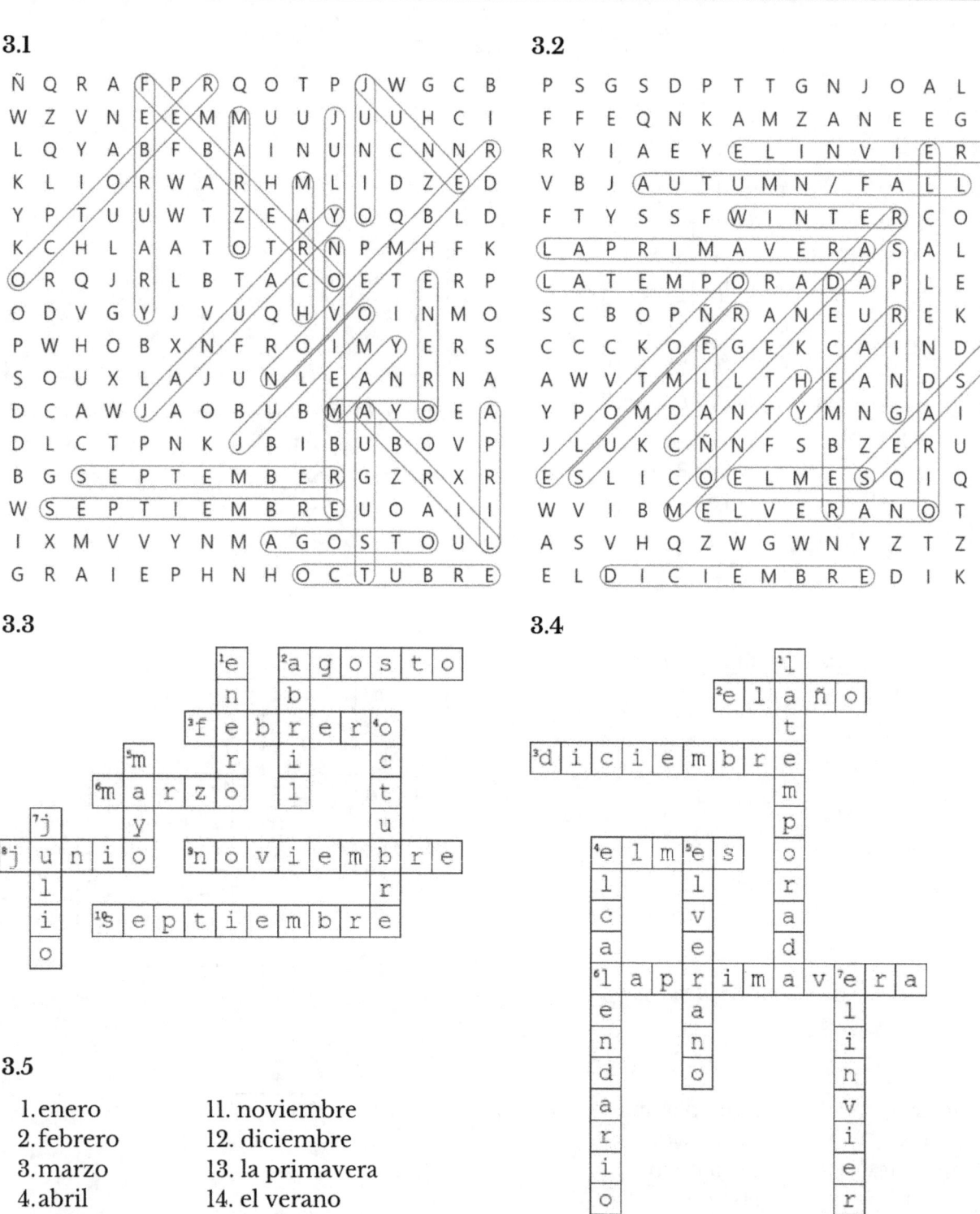

3.5

1. enero
2. febrero
3. marzo
4. abril
5. mayo
6. junio
7. julio
8. agosto
9. septiembre
10. octubre
11. noviembre
12. diciembre
13. la primavera
14. el verano
15. el otoño
16. el invierno
17. el mes
18. el año
19. la temporada
20. el calendario

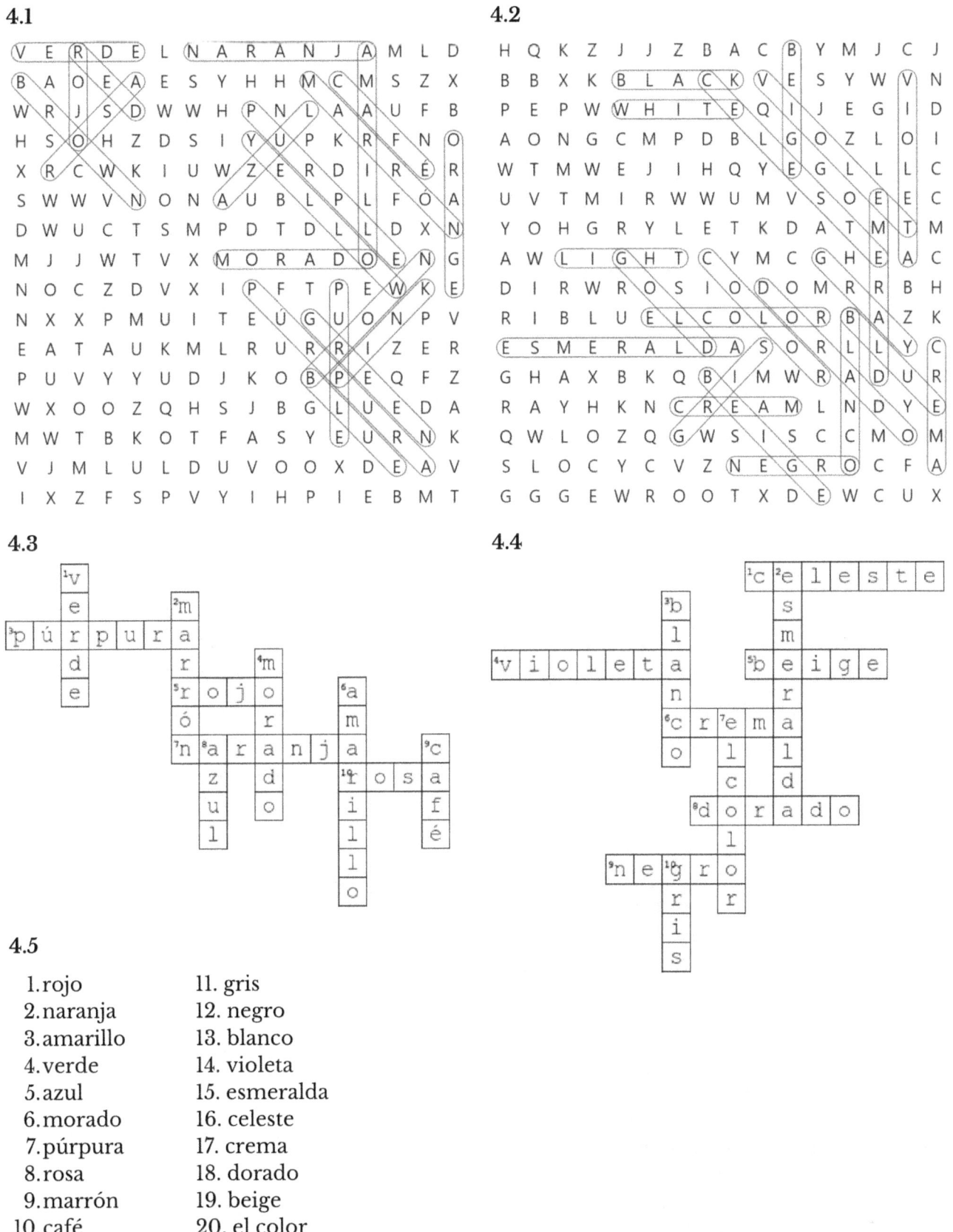

4.5

1. rojo
2. naranja
3. amarillo
4. verde
5. azul
6. morado
7. púrpura
8. rosa
9. marrón
10. café
11. gris
12. negro
13. blanco
14. violeta
15. esmeralda
16. celeste
17. crema
18. dorado
19. beige
20. el color

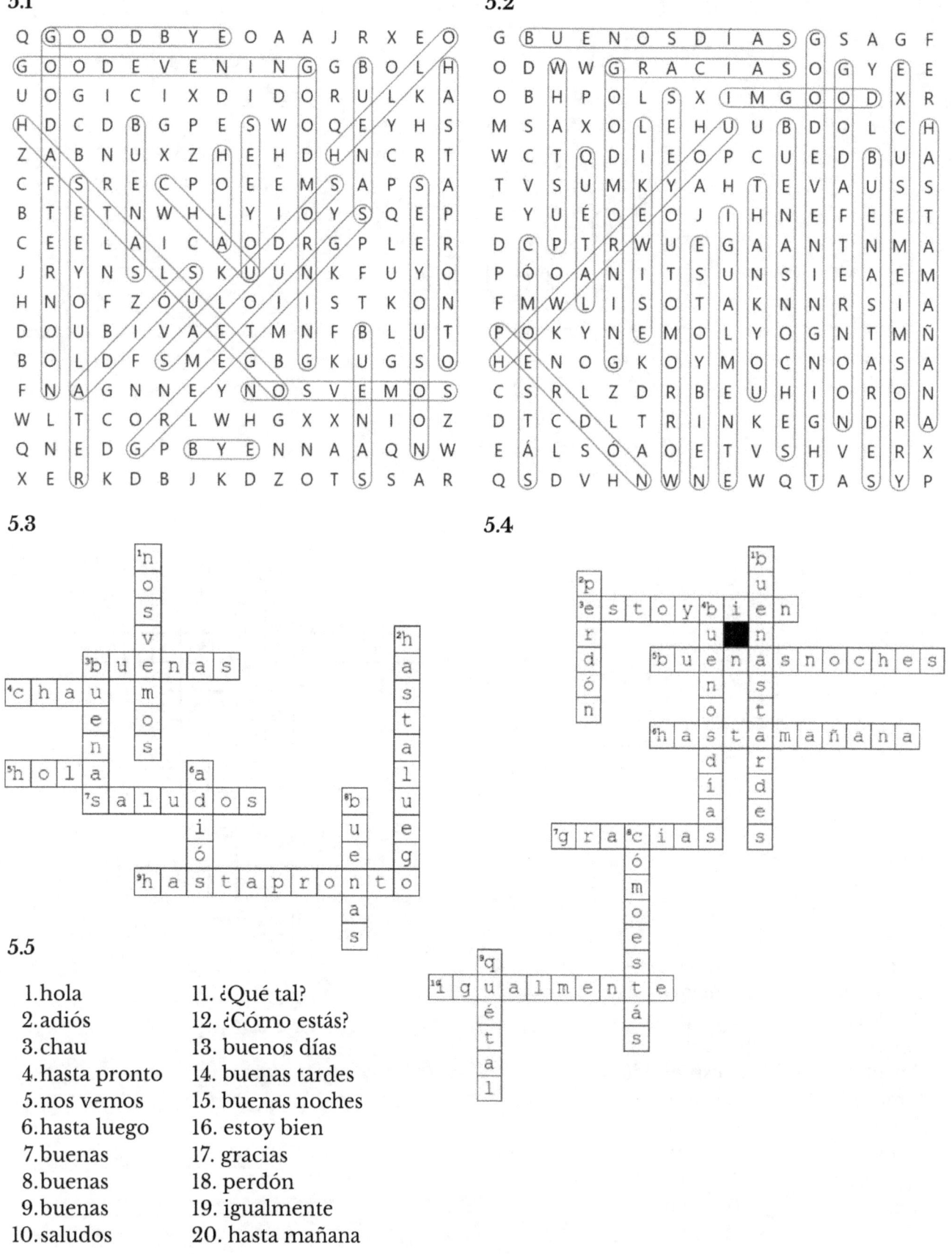

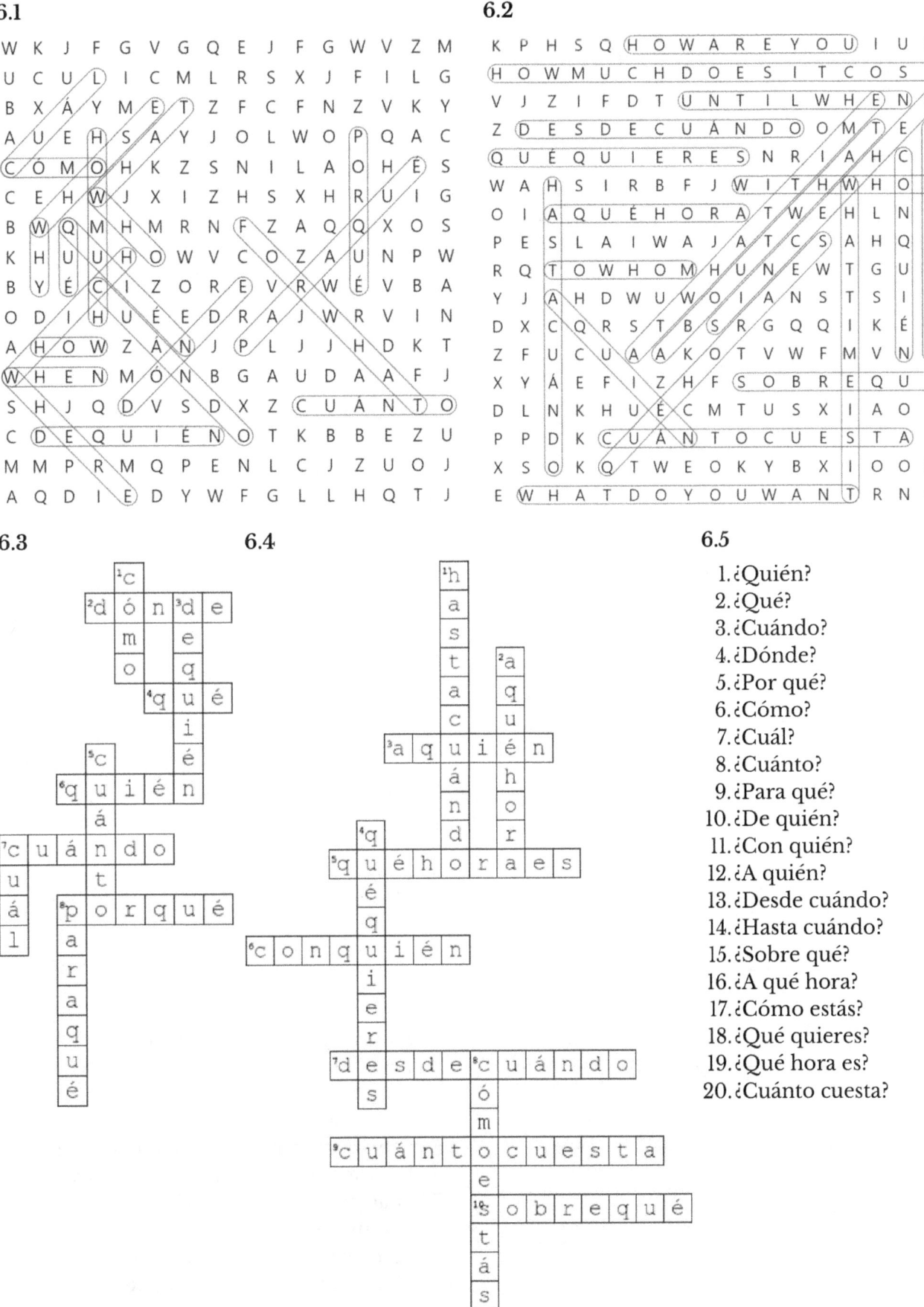

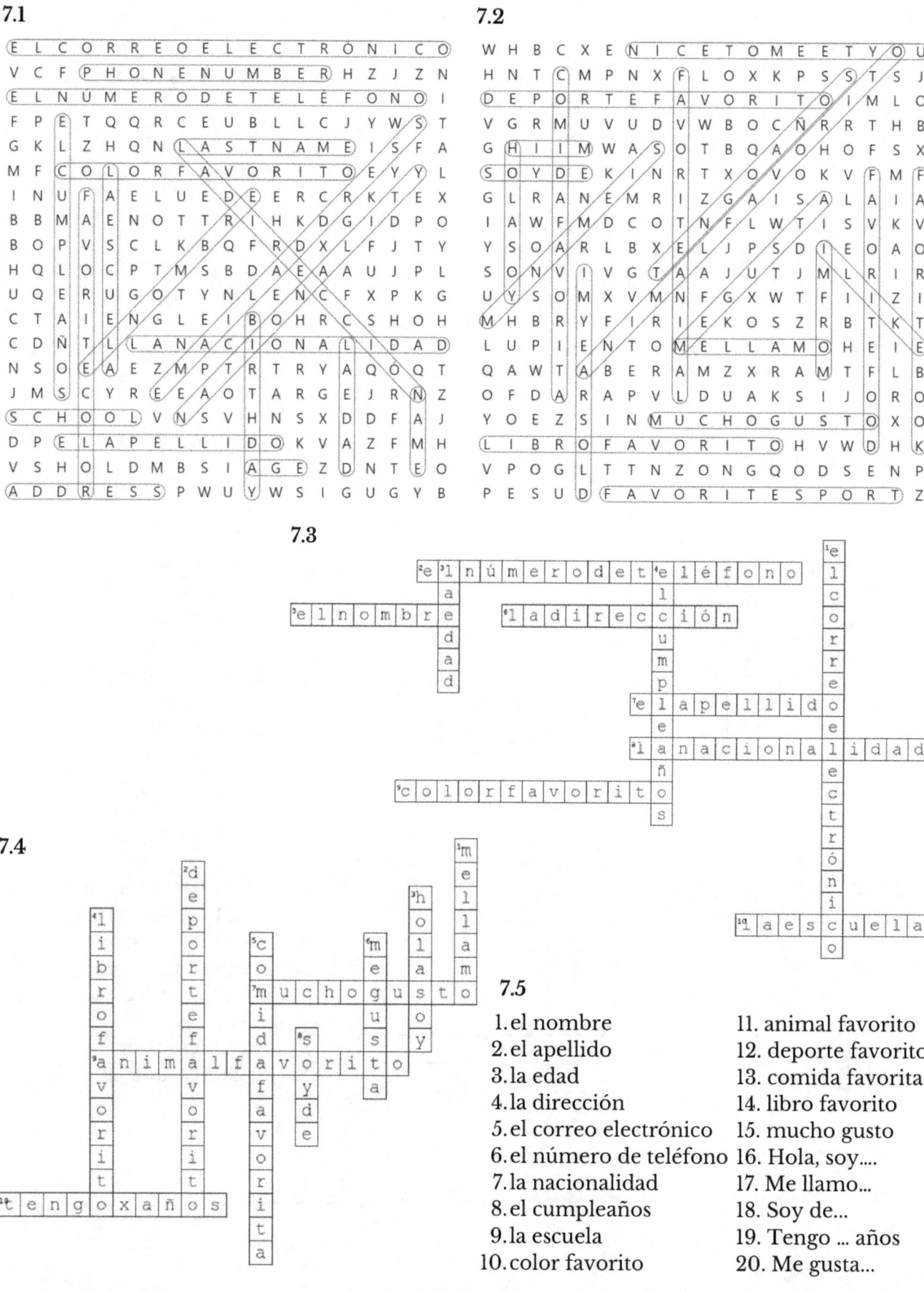

7.5

1. el nombre
2. el apellido
3. la edad
4. la dirección
5. el correo electrónico
6. el número de teléfono
7. la nacionalidad
8. el cumpleaños
9. la escuela
10. color favorito
11. animal favorito
12. deporte favorito
13. comida favorita
14. libro favorito
15. mucho gusto
16. Hola, soy....
17. Me llamo...
18. Soy de...
19. Tengo ... años
20. Me gusta...

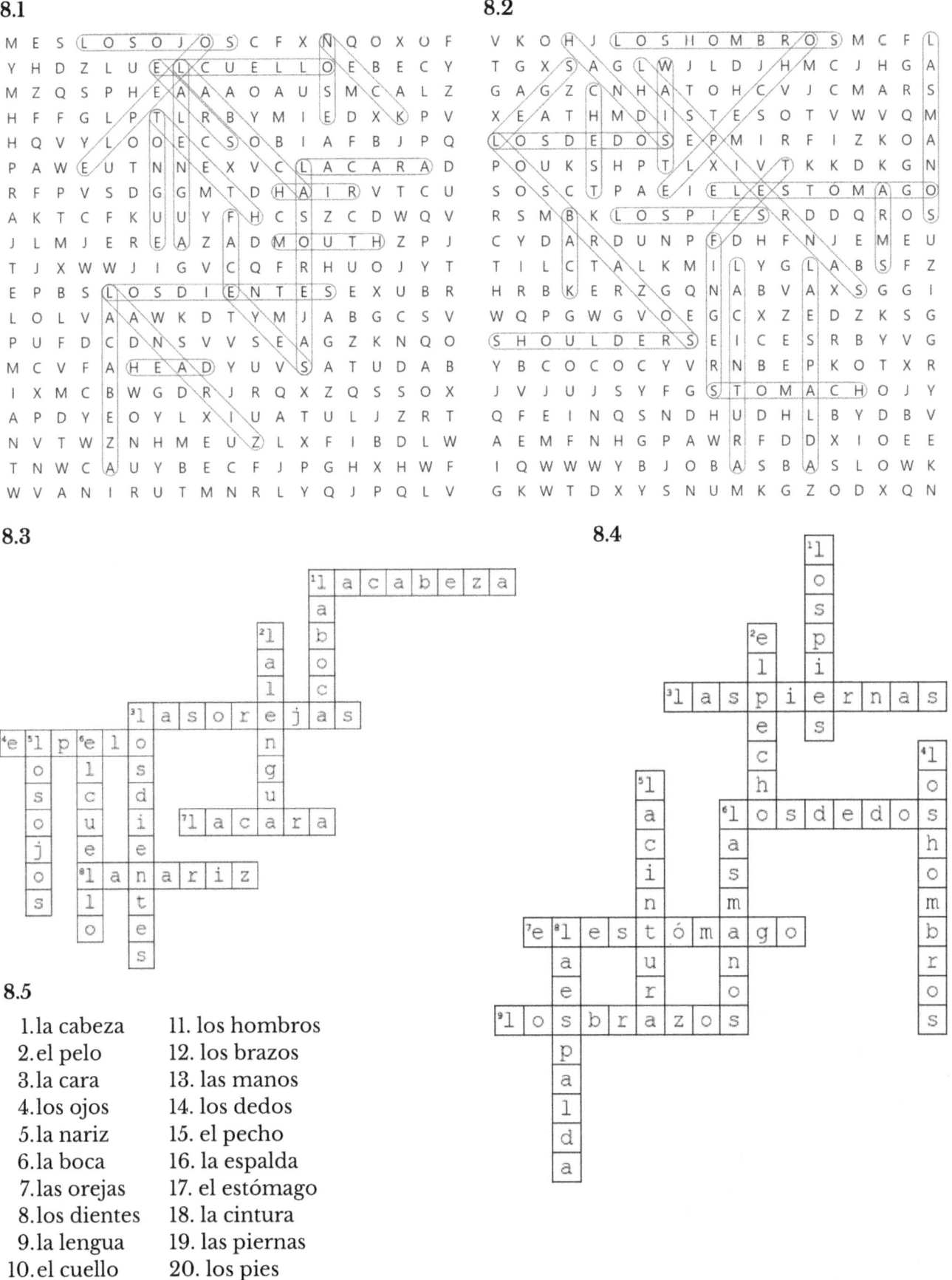

8.5

1. la cabeza
2. el pelo
3. la cara
4. los ojos
5. la nariz
6. la boca
7. las orejas
8. los dientes
9. la lengua
10. el cuello
11. los hombros
12. los brazos
13. las manos
14. los dedos
15. el pecho
16. la espalda
17. el estómago
18. la cintura
19. las piernas
20. los pies

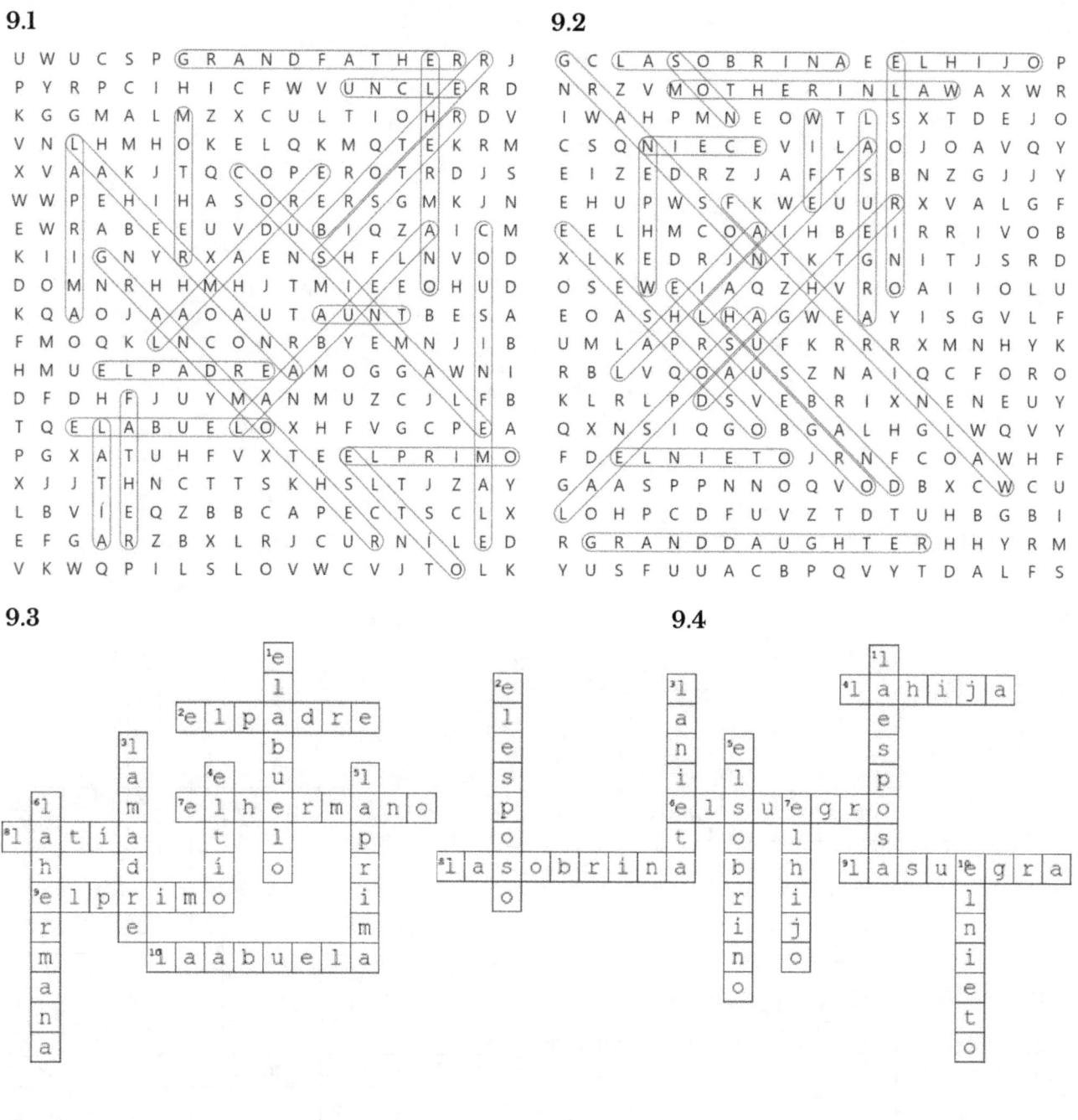

9.5

1. la madre
2. el padre
3. el hermano
4. la hermana
5. la abuela
6. el abuelo
7. la tía
8. el tío
9. la prima
10. el primo
11. la hija
12. el hijo
13. la nieta
14. el nieto
15. la sobrina
16. el sobrino
17. el esposo
18. la esposa
19. la suegra
20. el suegro

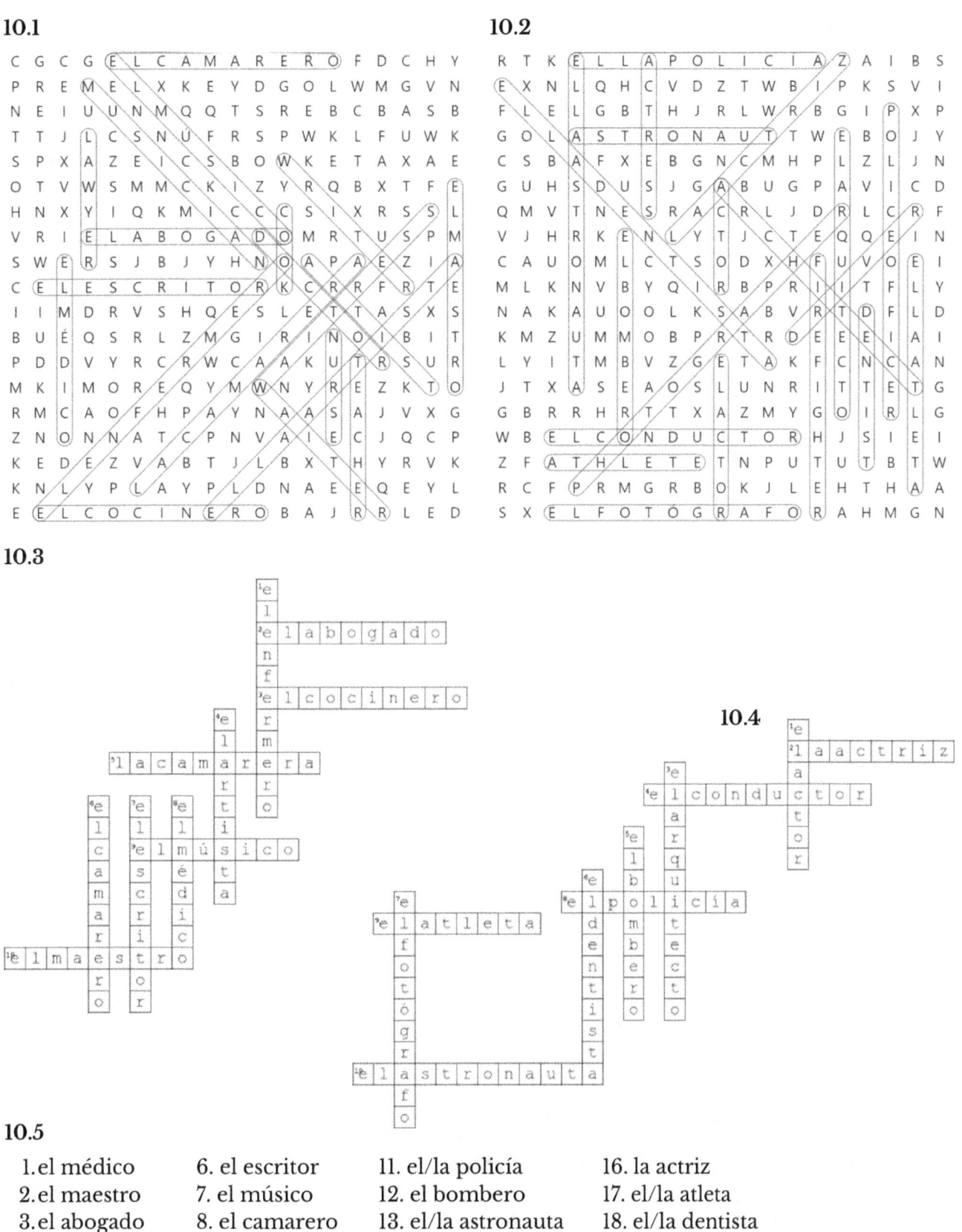

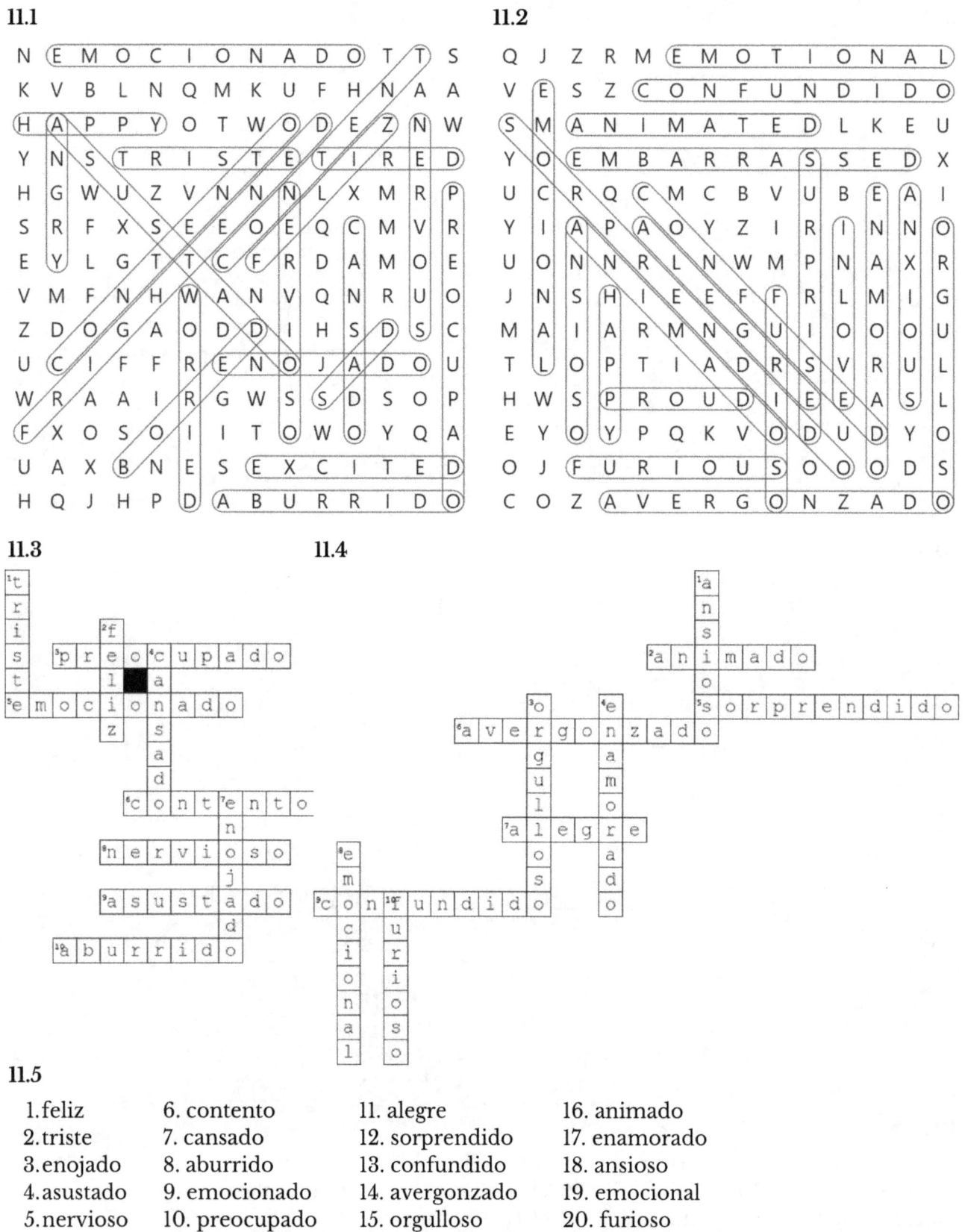

11.5

1. feliz
2. triste
3. enojado
4. asustado
5. nervioso
6. contento
7. cansado
8. aburrido
9. emocionado
10. preocupado
11. alegre
12. sorprendido
13. confundido
14. avergonzado
15. orgulloso
16. animado
17. enamorado
18. ansioso
19. emocional
20. furioso

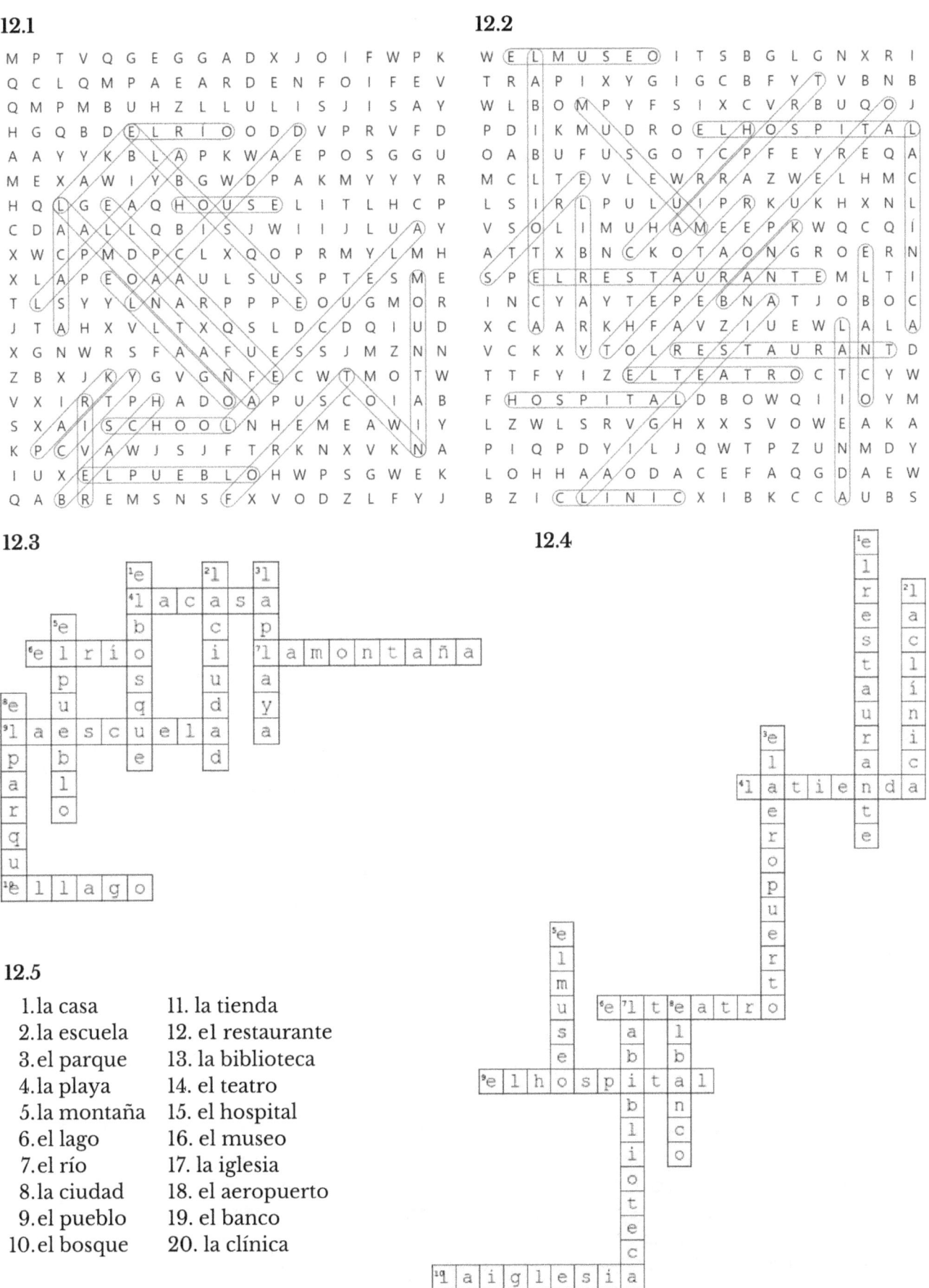

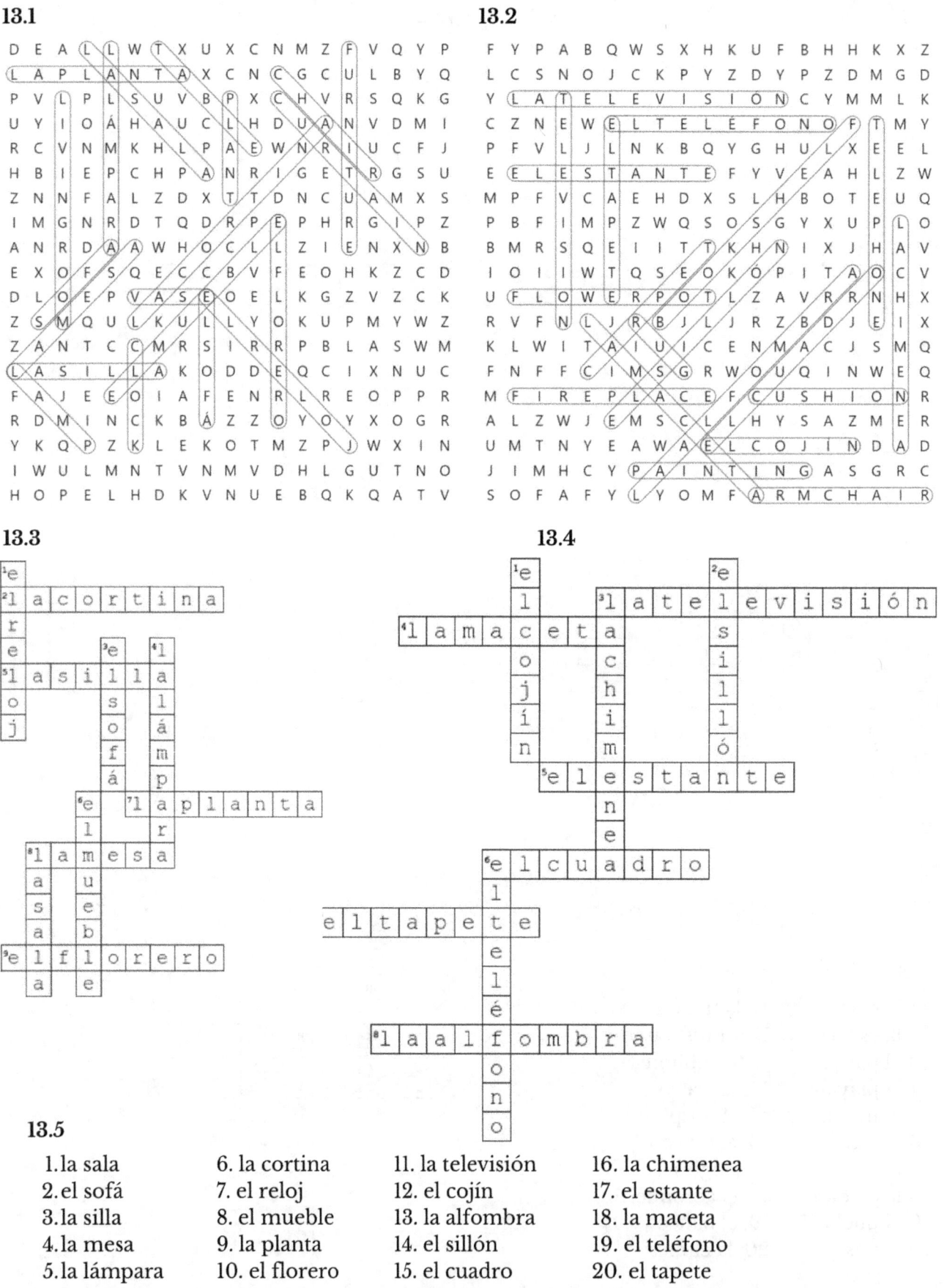

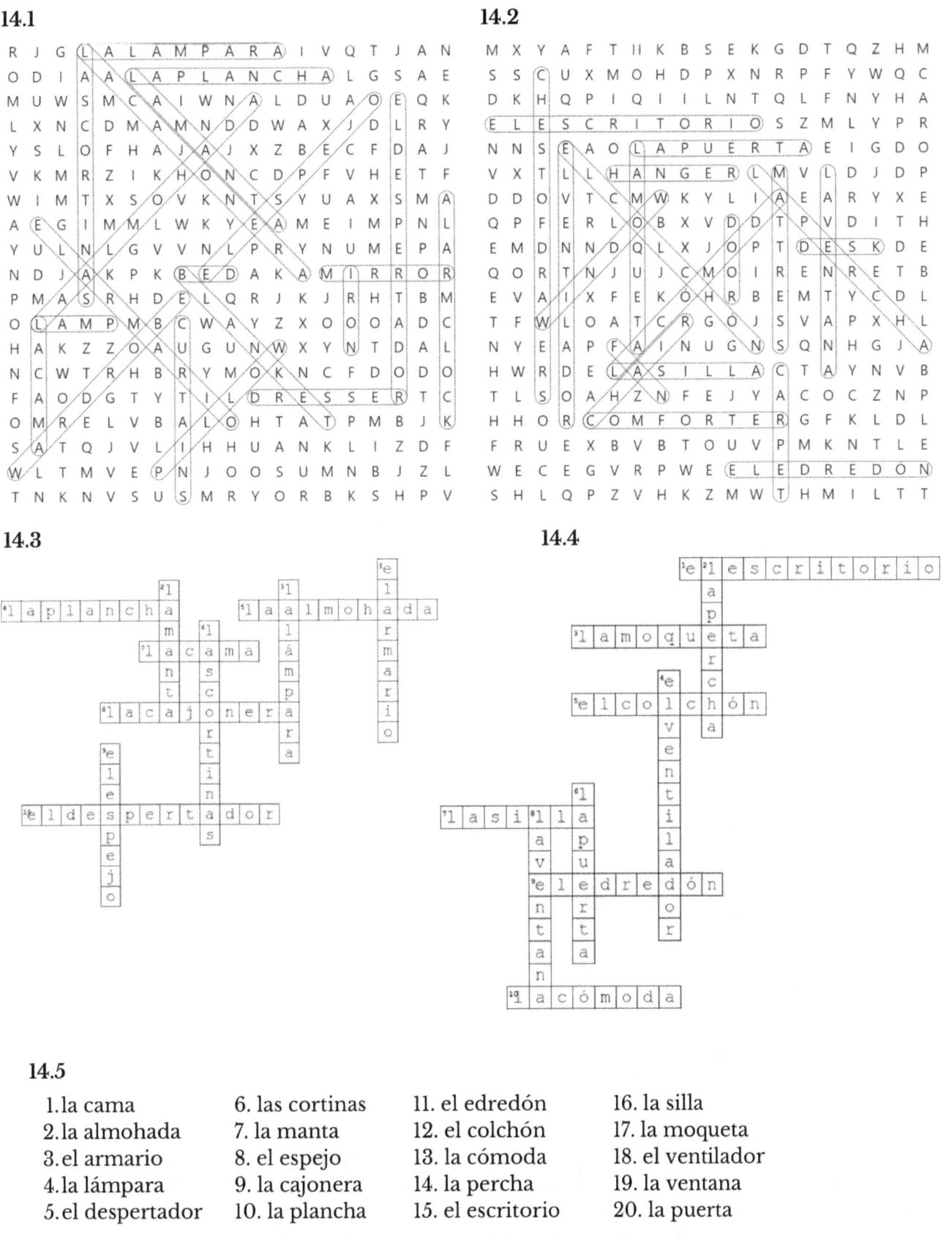

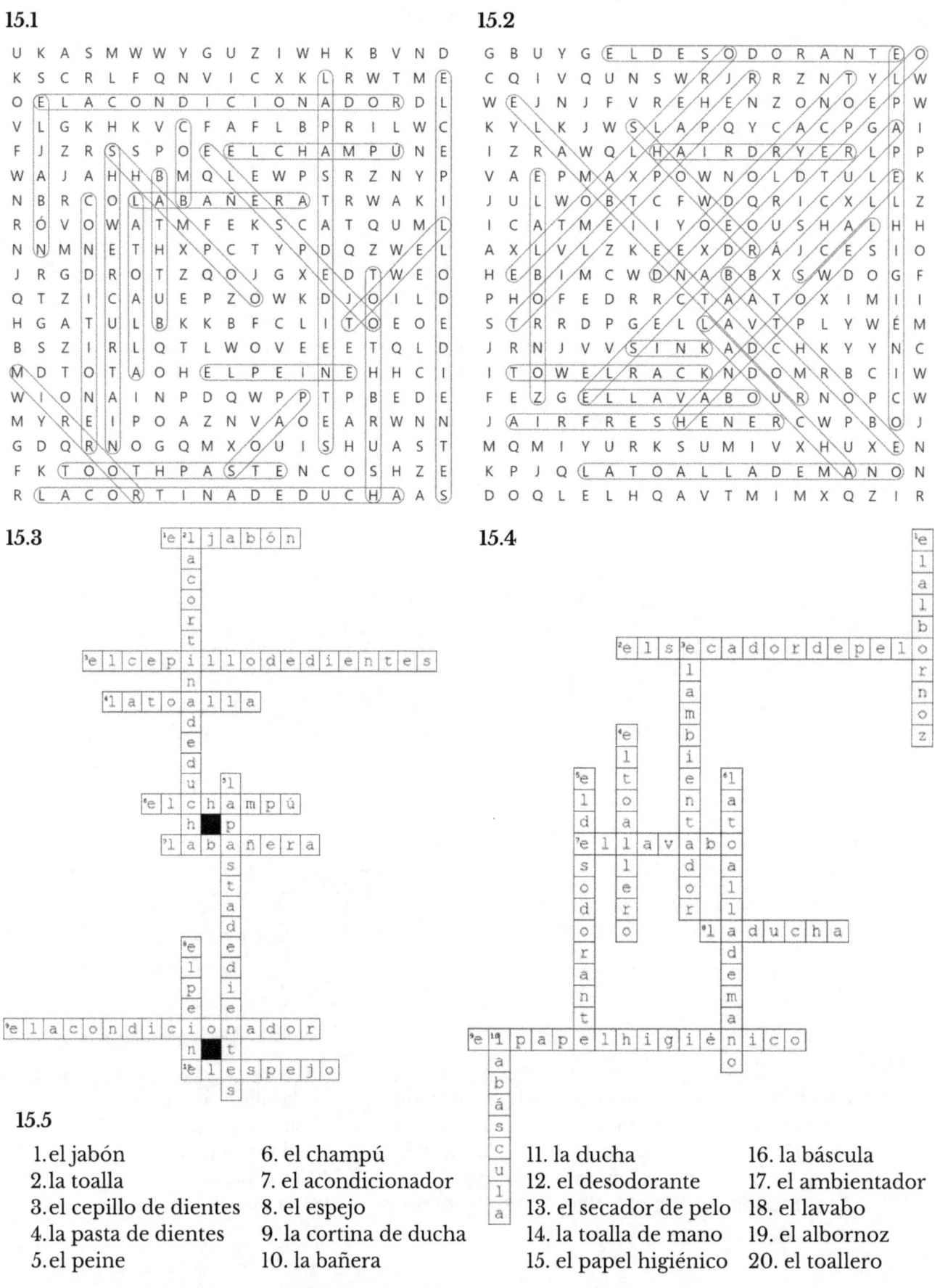

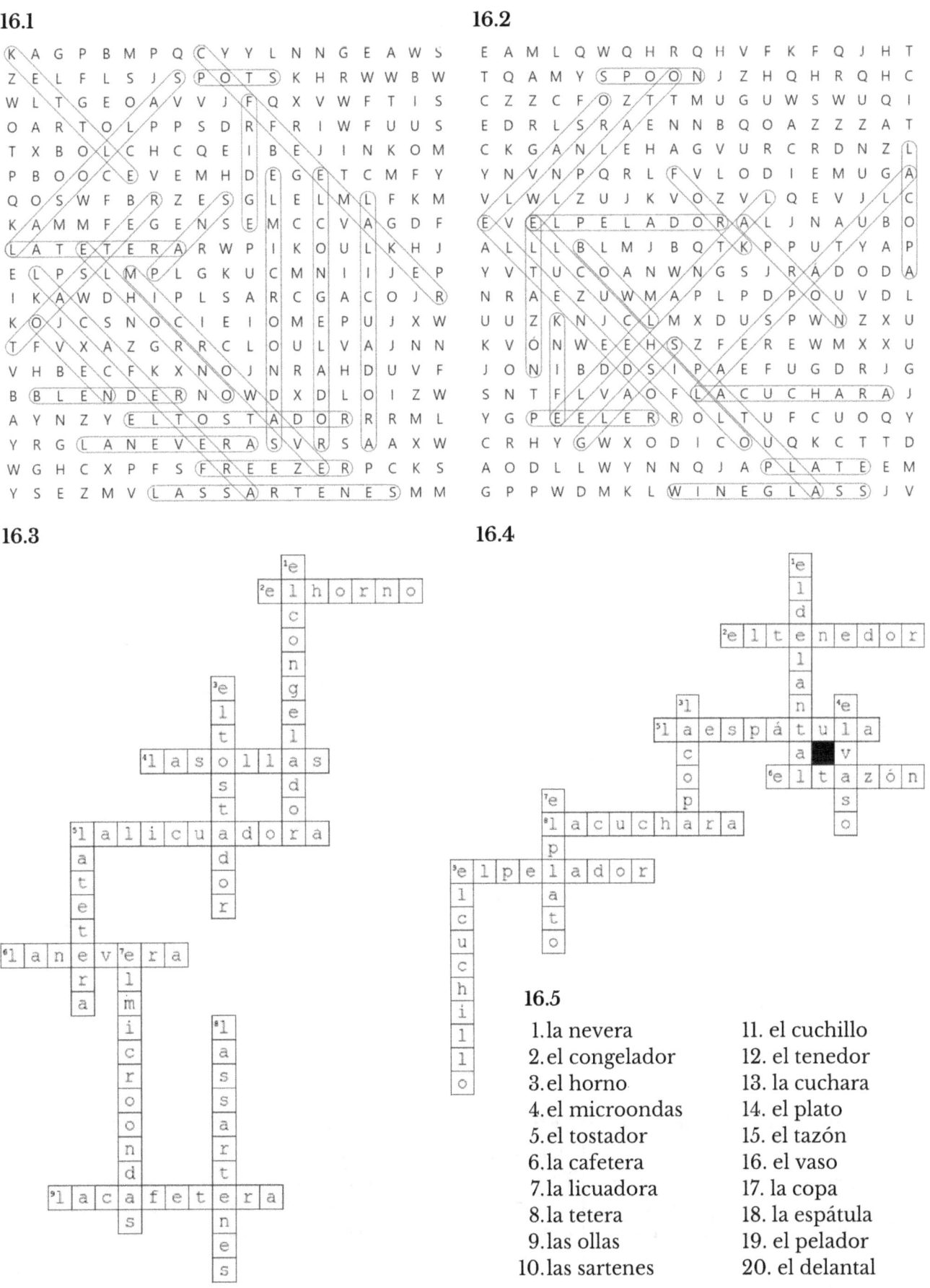

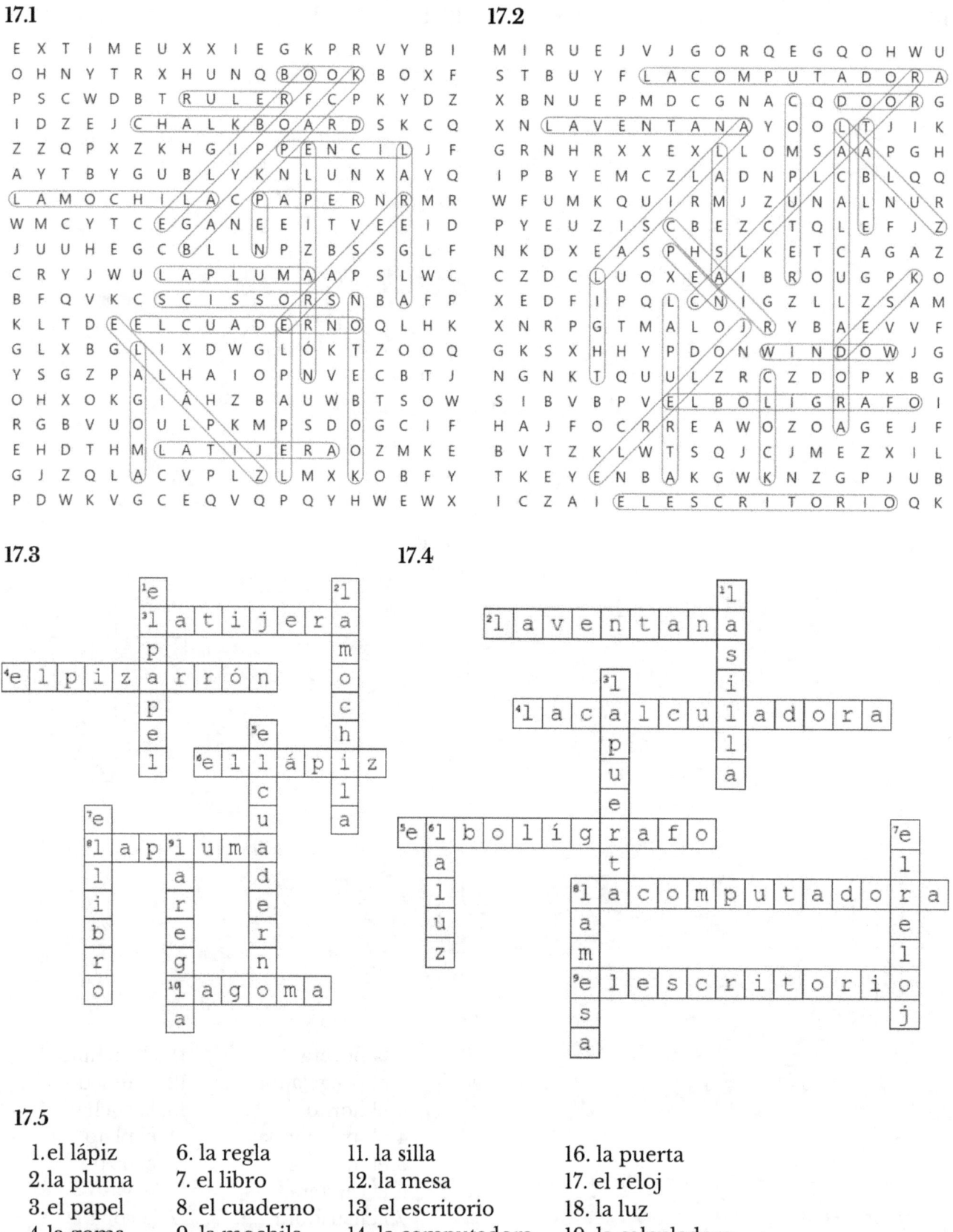

17.5

1. el lápiz
2. la pluma
3. el papel
4. la goma
5. la tijera
6. la regla
7. el libro
8. el cuaderno
9. la mochila
10. el pizarrón
11. la silla
12. la mesa
13. el escritorio
14. la computadora
15. la ventana
16. la puerta
17. el reloj
18. la luz
19. la calculadora
20. el bolígrafo

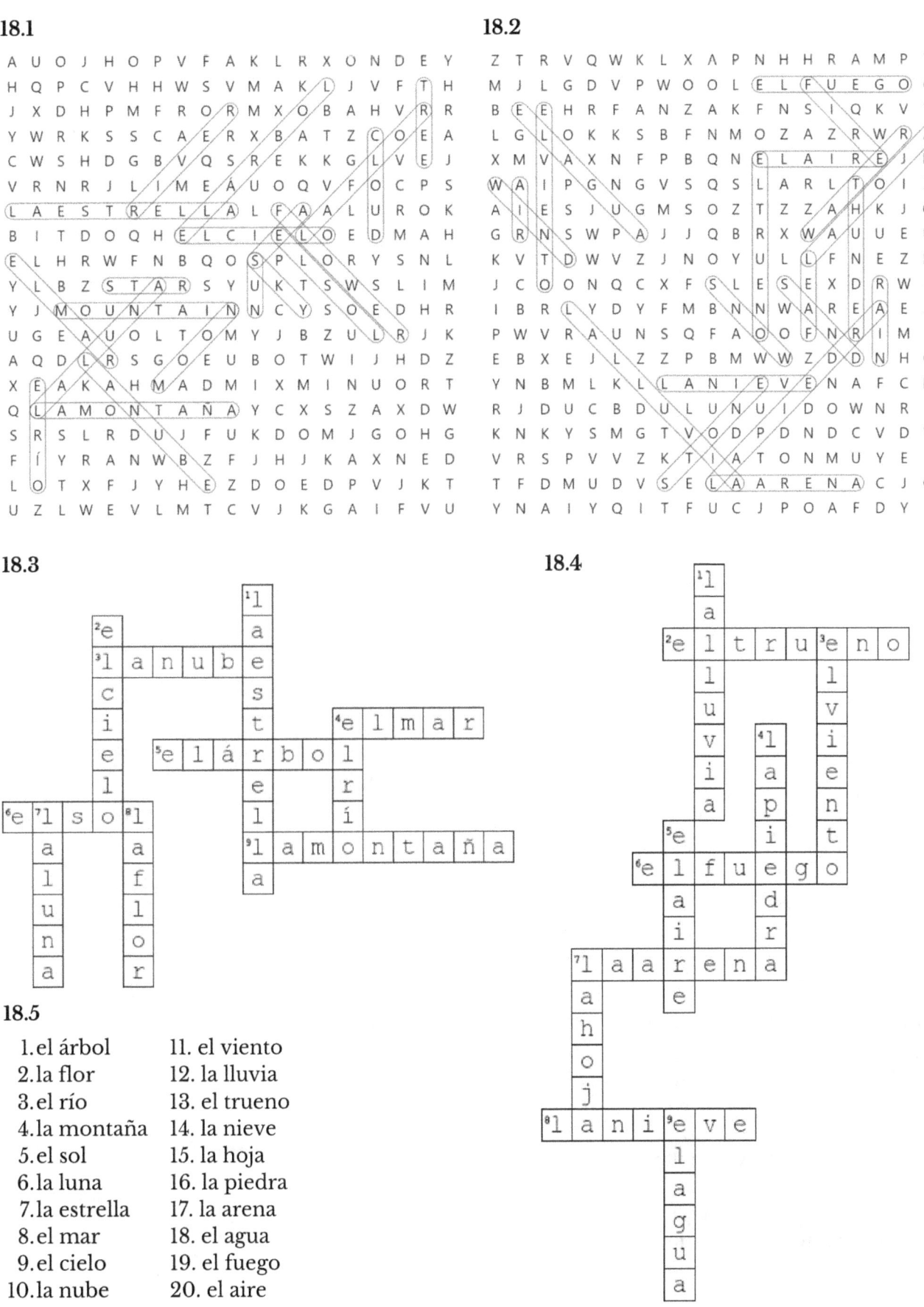

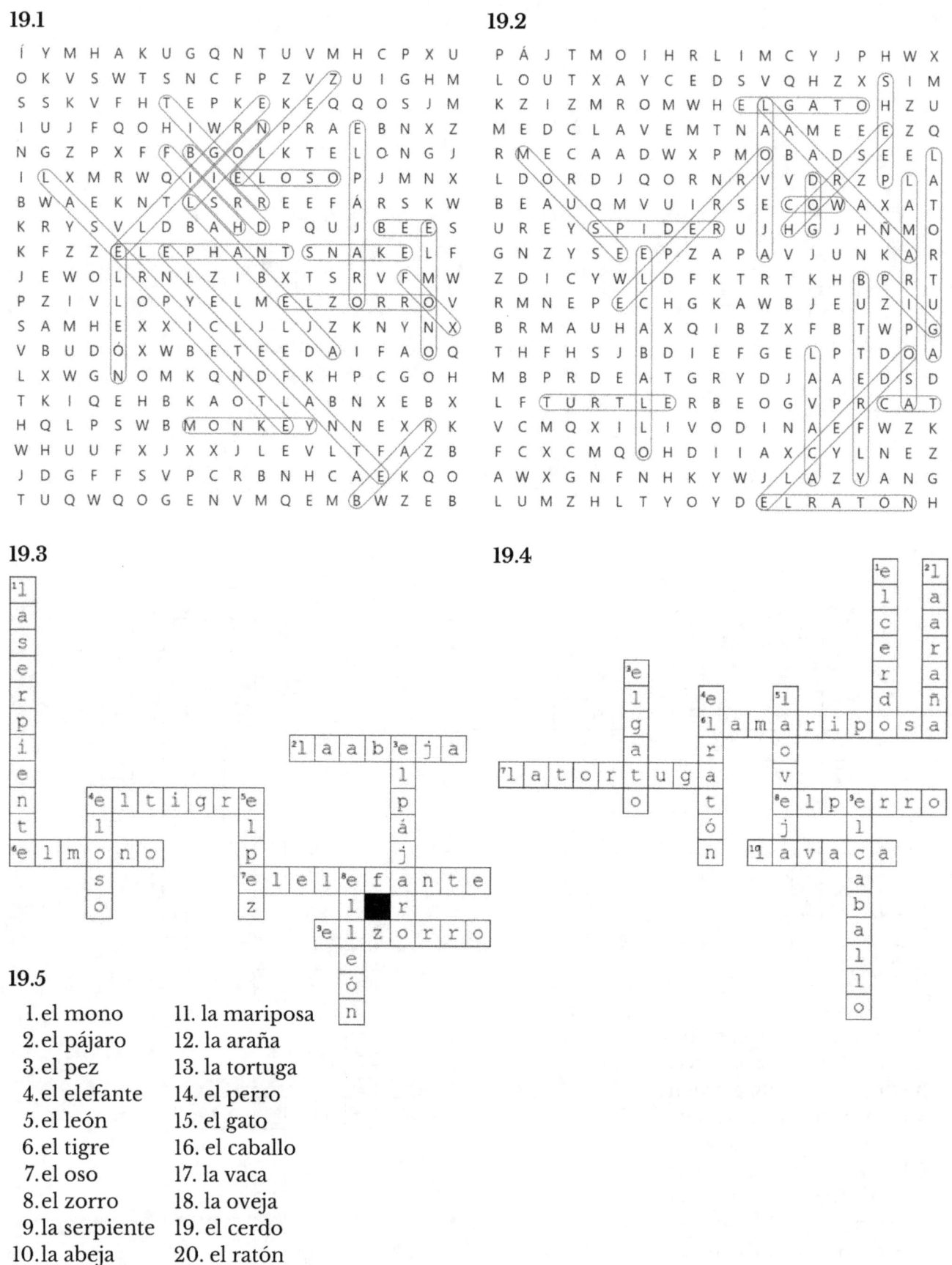

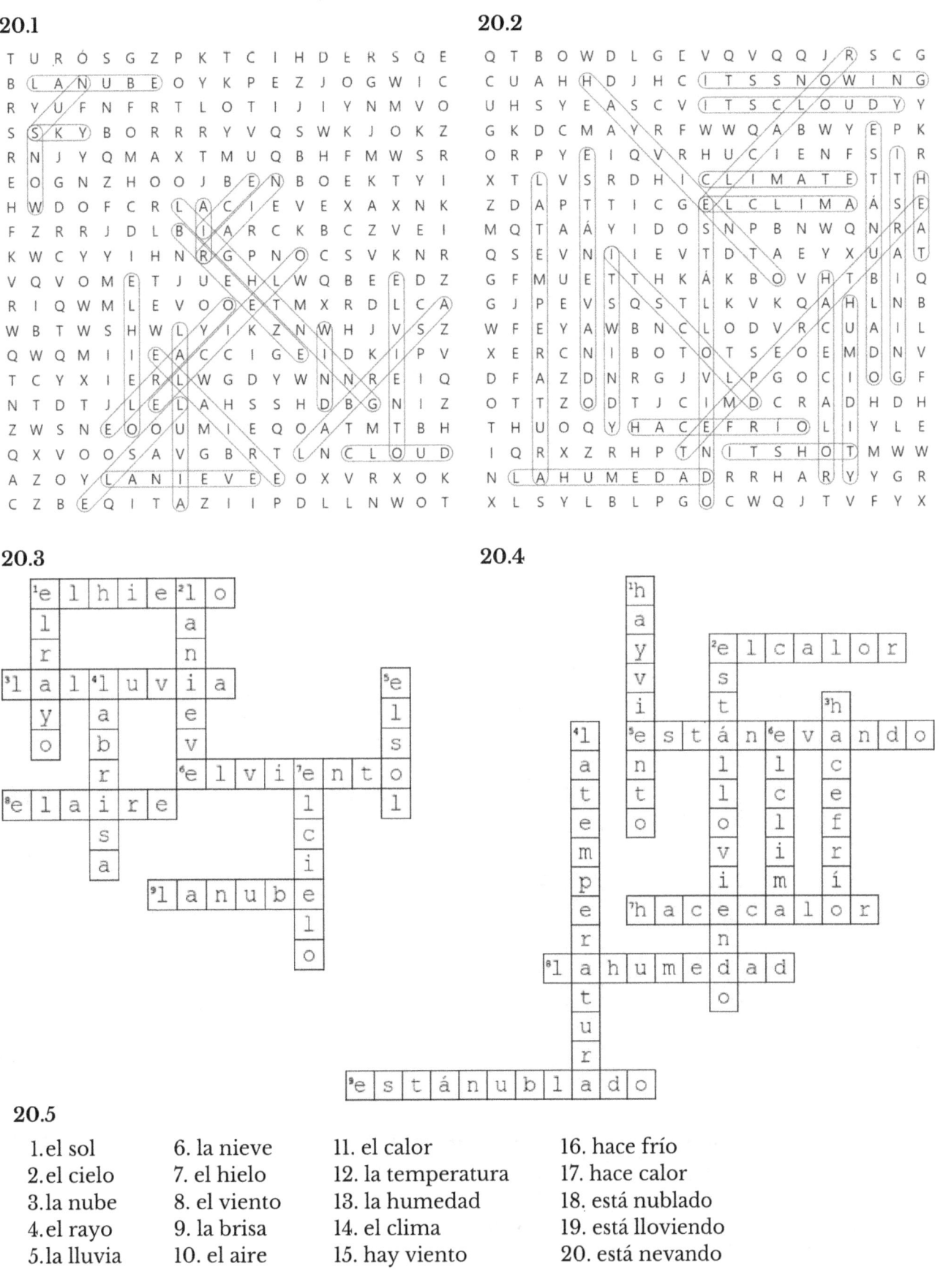

20.5

1. el sol
2. el cielo
3. la nube
4. el rayo
5. la lluvia
6. la nieve
7. el hielo
8. el viento
9. la brisa
10. el aire
11. el calor
12. la temperatura
13. la humedad
14. el clima
15. hay viento
16. hace frío
17. hace calor
18. está nublado
19. está lloviendo
20. está nevando

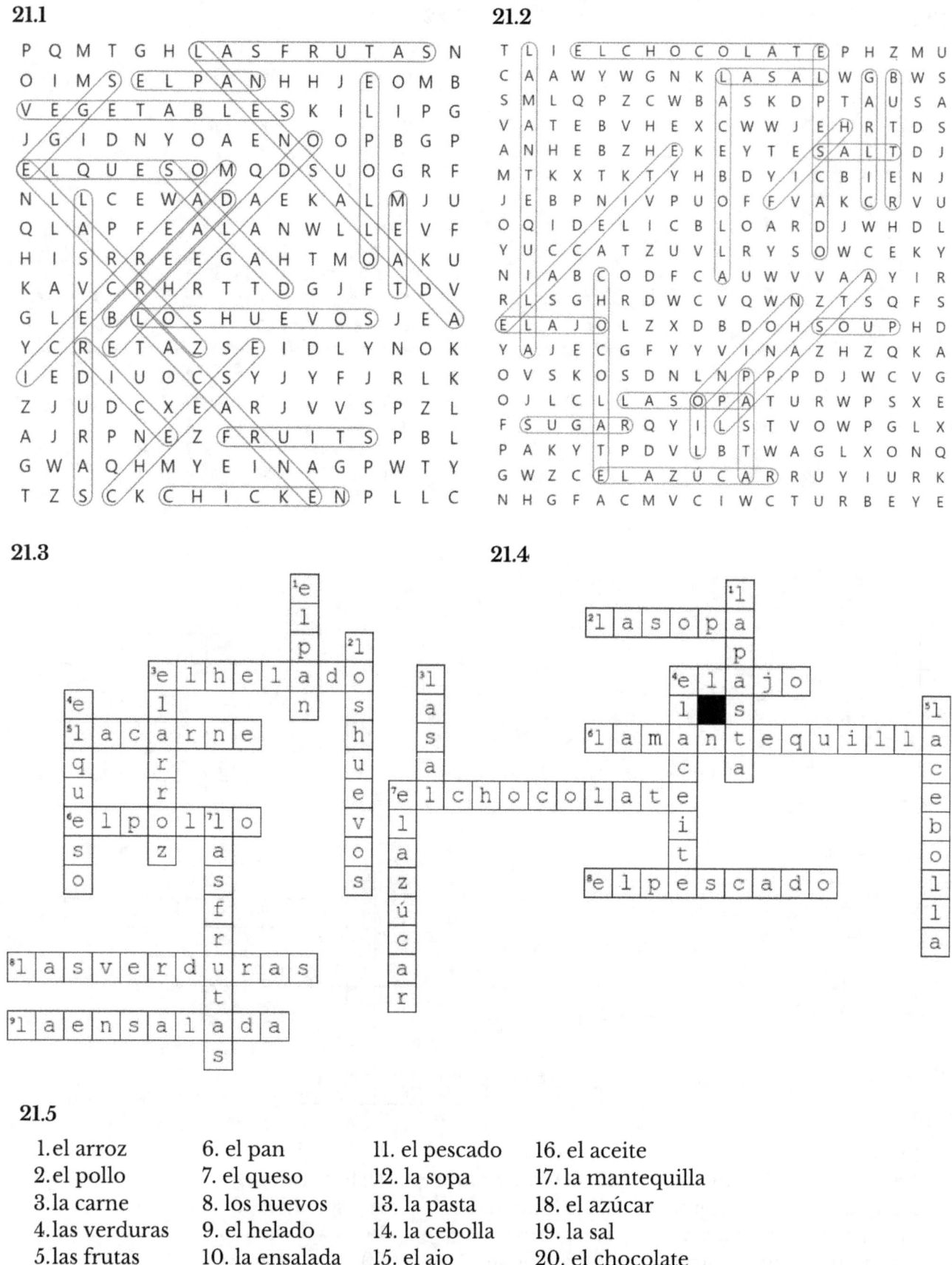

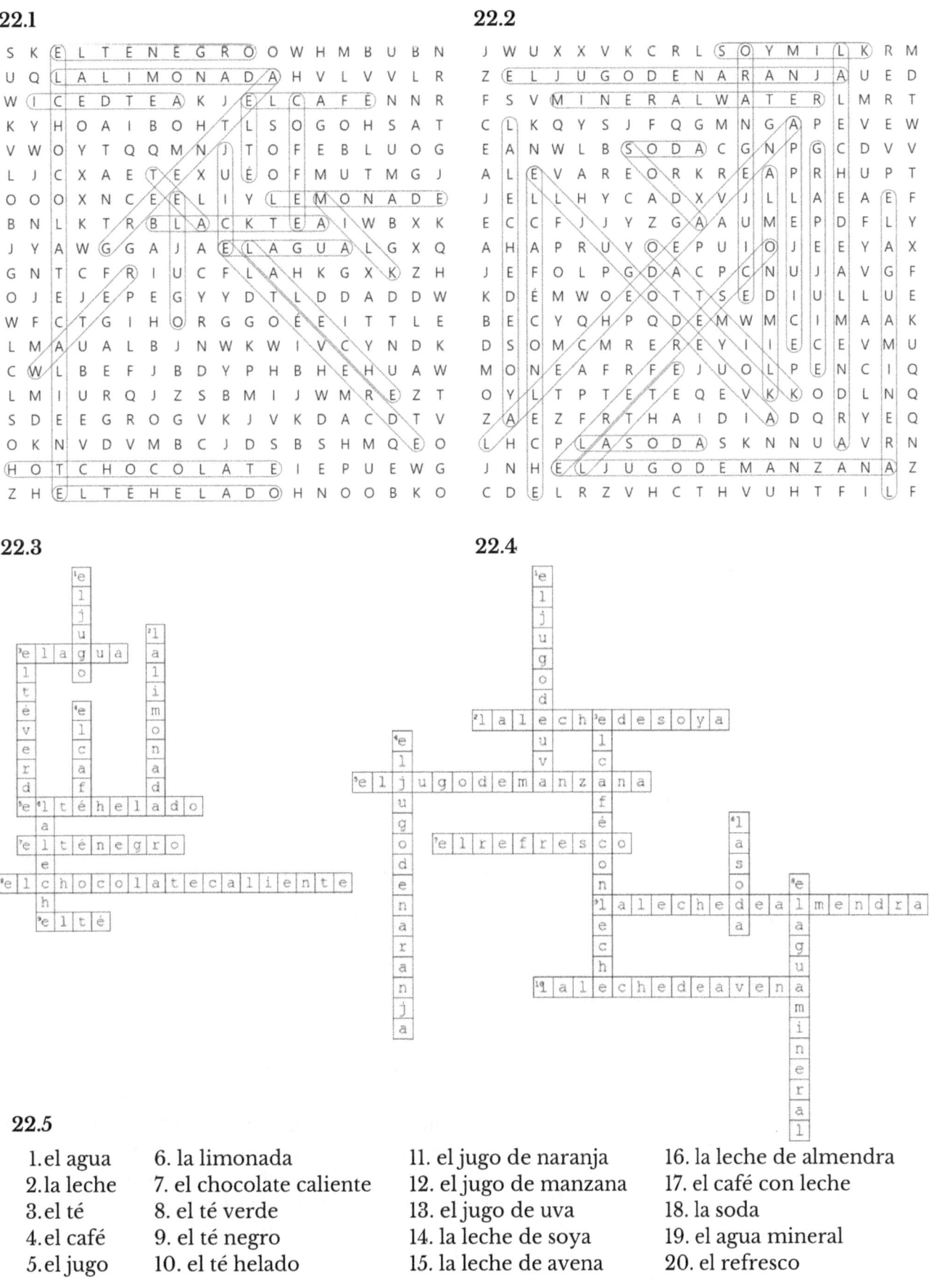

22.5

1. el agua
2. la leche
3. el té
4. el café
5. el jugo
6. la limonada
7. el chocolate caliente
8. el té verde
9. el té negro
10. el té helado
11. el jugo de naranja
12. el jugo de manzana
13. el jugo de uva
14. la leche de soya
15. la leche de avena
16. la leche de almendra
17. el café con leche
18. la soda
19. el agua mineral
20. el refresco

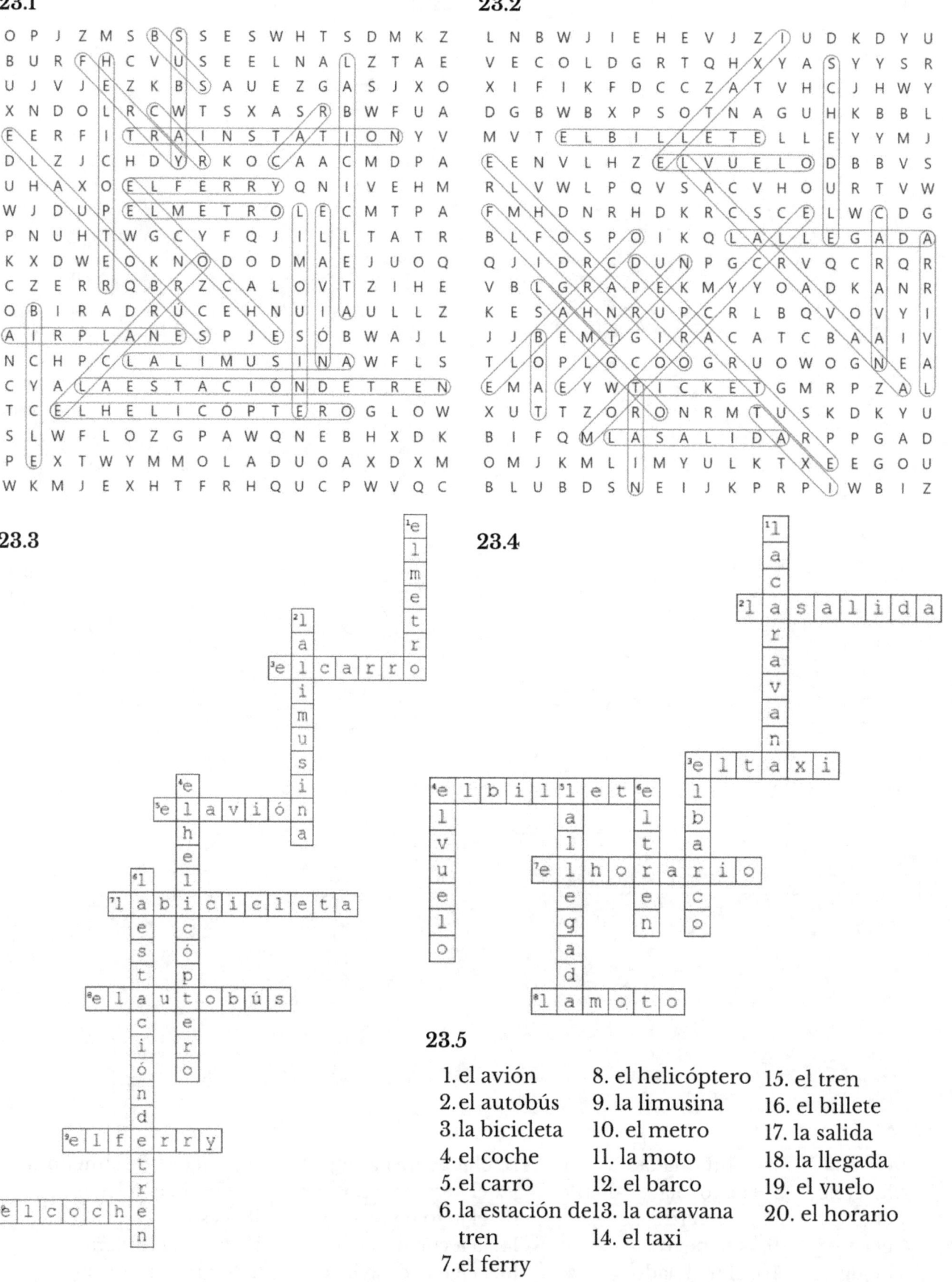

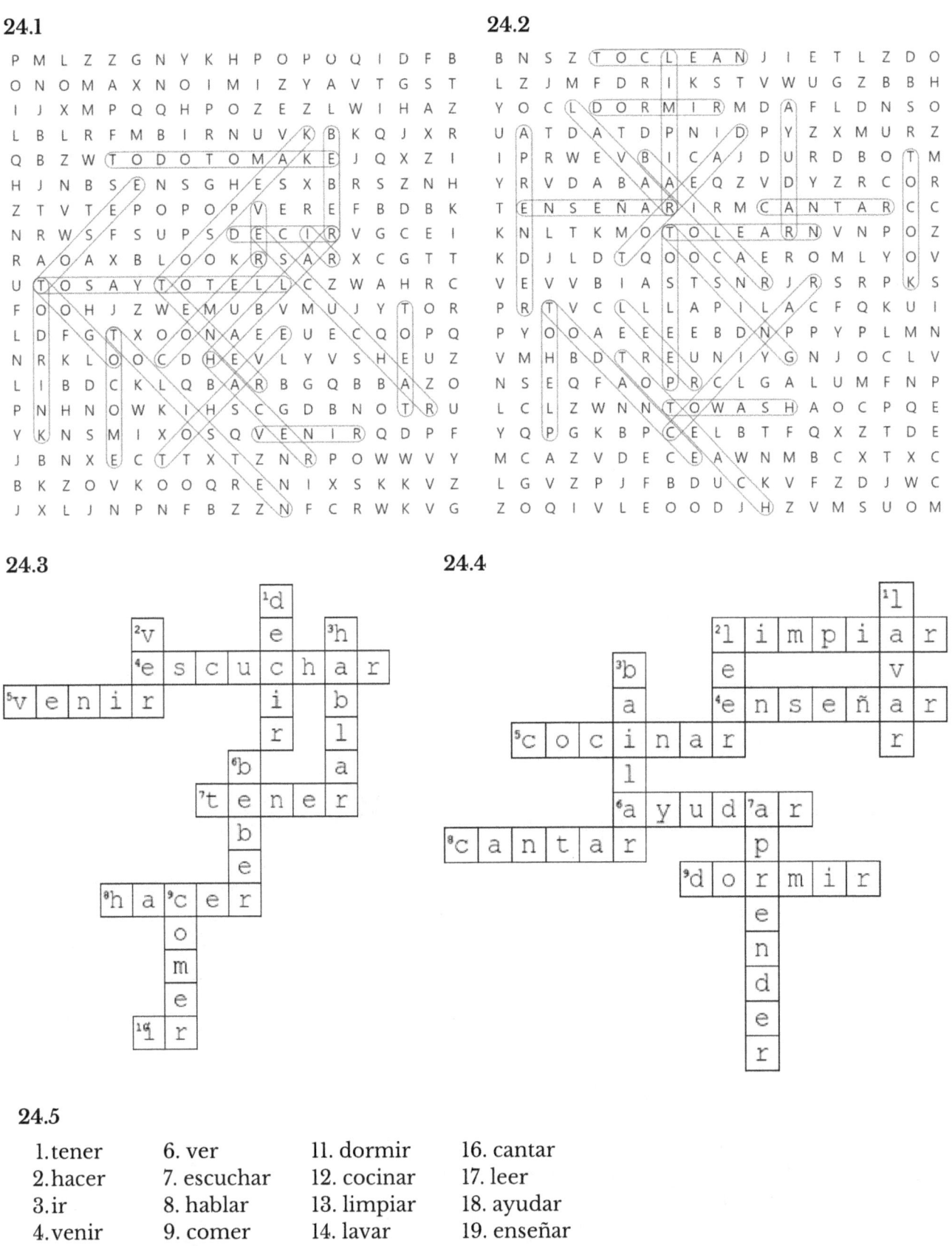

24.5

1. tener
2. hacer
3. ir
4. venir
5. decir
6. ver
7. escuchar
8. hablar
9. comer
10. beber
11. dormir
12. cocinar
13. limpiar
14. lavar
15. bailar
16. cantar
17. leer
18. ayudar
19. enseñar
20. aprender

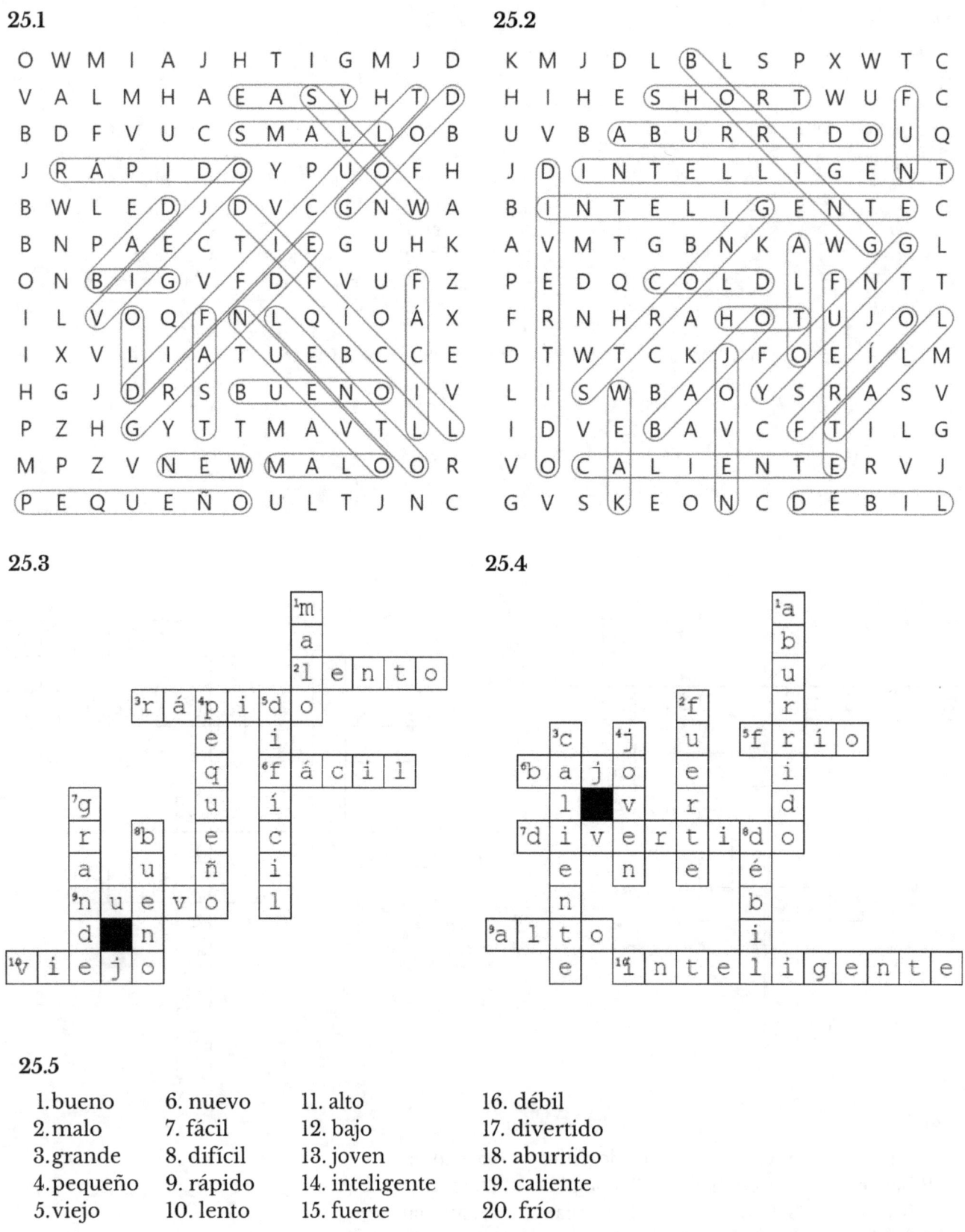

25.5

1. bueno
2. malo
3. grande
4. pequeño
5. viejo
6. nuevo
7. fácil
8. difícil
9. rápido
10. lento
11. alto
12. bajo
13. joven
14. inteligente
15. fuerte
16. débil
17. divertido
18. aburrido
19. caliente
20. frío

LEARNING SPANISH YOUR WAY

HOW CAN WE HELP?

What do you think of **Ace Spanish Vocabulary**?
What worked and what didn't work?

Let us know your thoughts! :)

We appreciate every learner's feedback
and would love to curate content that better
fits your learning needs!

MORE SPANISH LEARNING RESOURCES

Happen to be into Spanish slang?

Get a free copy of this book on our website at spanz2a.com !

ESPAÑOL CON CARROT

Ever wondered what Christmas is like in Venezuela? What about the famous Holy Week in Spain? Or a typical asado evening in Argentina?

ESPAÑOL CON CARROT

Looking to add some fun to your Spanish vocabulary learning? Let's try adding word search puzzles to the mix!

www.ingramcontent.com/pod-product-compliance
Lightning Source LLC
Chambersburg PA
CBHW081229080526
44587CB00022B/3872